OS IMPACTOS DO TRÂNSITO NO TRABALHO DOS PROFISSIONAIS DO TRANSPORTE COLETIVO DA CIDADE DE SÃO PAULO

JOSÉ JUSCELINO FERREIRA DE MEDEIROS

São Paulo, 2019

EPÍGRAFE

"Ó mar salgado, quanto do teu sal são lágrimas de Portugal! Por te cruzarmos, quantas mães choraram, quantos filhos em vão rezaram! Quantas noivas ficaram por casar para que fosses nosso, ó mar! Valeu a pena? Tudo vale a pena se a alma não é pequena. Quem quer passar além do Bojador tem que passar além da dor. Deus ao mar o perigo e o abismo deu, mas nele é que espelhou o céu."

FERNANDO PESSOA

DEDICATÓRIA

Deus primeiramente e ao grande mestre Jesus Cristo e a cinco pessoas especiais: Meus pais João Hipólito de Medeiros Filho (em memória) e Maria do Socorro Ferreira, pelo incentivo e exemplo de vida a qual persigo. A minha querida esposa Adriana Gonçalves de Medeiros pelo apoio, incentivo e confiança depositada, e as minhas amadas filhas Maria Luiza Gonçalves de Medeiros e Fernanda Gonçalves de Medeiros que privaram do meu convívio durante a realização deste.

RESUMO

Nas últimas décadas o Brasil enfrentou um grande processo de urbanização nas grandes metrópoles como São Paulo. Segundo dados do Instituto Brasileiro de Geografia e Estatística (IBGE), no início da última década à população urbana representava mais de 80% do total do país. Esse processo de urbanização tem diversos fatores em sua gênese, entre os quais, está a falta de emprego no campo e a necessidade de mão-de-obra por parte das indústrias. Getúlio Vargas, para desenvolver a indústria, incentivou o êxodo rural. Na década de 1920 o Brasil era um país tipicamente rural. Nosso objetivo é o de enfocar o transporte coletivo de passageiros. Trataremos especificamente dos impactos que o trânsito traz nas condições de trabalho dos profissionais do transporte coletivo da cidade de São Paulo, objetivamente, dos motoristas e cobradores. Em síntese, cuidaremos da análise do tema do trânsito e do transporte nas grandes cidades, assim como, das conseqüências sobre a saúde e a segurança dos profissionais deste setor. Este projeto tratará de sugerir, uma vez feitos os diagnósticos dos problemas que afetam a categoria profissional dos motoristas e cobradores do transporte coletivo intramunicipal, diretrizes fundamentais para a criação e implementação de políticas públicas de Estado.

Palavras-chave: Transportes, trânsito, política, saúde, segurança.

ABSTRACT

In the last decades Brazil faced a dramatic process of urbanization in large cities such as Sao Paulo. According to Brazilian Institute of Geography and Statistics – IBGE in the beginning of the last decade the urban population accounted for more than 80% of the total country. This urbanization process has several factors in its genesis, including, the lack of employment in the countryside and the need for labor by the industries. Getúlio Vargas, in order to develop the industry, encouraged the rural exodus. In the 1920s Brazil was a typically rural country. Our goal is to focus on public transport of passengers. Specifically addressing to the impacts that chaotic transit environment brings to the working conditions of professionals in the public transport in the city of São Paulo, in particular of drivers and collectors. In summary, the analysis of the issue of urban transit and transportation in major cities, as well as the consequences on the health and the safety of professionals of this sector. Once the diagnoses of the problems are made, this paper shall suggest the fundamental guidelines for the creation and implementation of public policies in order to implement.

Key-words: Transportation – transit – politics – health - safety.

LISTA DE ABREVIATURAS E SIGLAS

ANTT - Associação Nacional de Transportes Terrestres
APA – *American Psychological Asssociation*
CBO – Código Brasileiro de Ocupação
CETESB - Companhia de Tecnologia de Saneamento Ambiental
CET – Companhia de Engenharia de Tráfego
CF – Constituição Federal
CID – Código Internacional da Doença
CLT – Consolidação das Leis do Trabalho
CMTC – Companhia Municipal de Transportes
CNT – Confederação Nacional dos Transportes
CNTTT – Confederação Nacional dos Trabalhadores em Transportes Terrestres
CNUMAD – Conferência das Nações Unidas sobre o Meio Ambiente
CONAMA - Conselho Nacional do Meio Ambiente
CONTRAN – Conselho Nacional de Trânsito
CTB – Código de Trânsito Brasileiro
DETRANSP – Departamento Estadual de Trânsito de São Paulo
DORT – Distúrbios Osteosmusculares Relacionados ao Trabalho
FEPASA – Ferrovia Paulista S.A.
FTTRESP – Federação dos Trabalhadores em Transportes do Estado de São Paulo
FUNDACENTRO – Fundação Jorge Duprat de Figueiredo de Segurança e Medicina do Trabalho
GNV – Gás Natural Veicular
IBAMA – Instituto do Meio Ambiente
IBGE - Instituto Brasileiro de Geografia e Estatística
INE – Instituto Nacional de Estatísticas de Portugal
INEGI – Instituto Nacional de Estatísticas e Geografia do México
ISTAT – Instituto Nacional de Estatísticas da Itália
MTE – Ministério do Trabalho e Emprego
PAIR – Perda Auditiva Induzida por Ruído
PIB – Produto Interno Bruto

PNMA - Política Nacional do Meio Ambiente
PT – Partido dos Trabalhadores
RESAM – Regulamento de Sanções e Multas da Prefeitura de São Paulo
SISNAMA - Sistema Nacional de Meio Ambiente
SMT – Secretaria Municipal de Transportes
SMTTRUSP – Sindicato dos Motoristas e Trabalhadores em Transportes Rodoviário Urbano de São Paulo
SPTRANS – São Paulo Transportes – Empresa Gestora do Transporte Público
UNIMEP – Universidade Metodista de Piracicaba
USP – Universidade de São Paulo
VLP – Veículo Leve sobre Pneus

ÍNDICE GERAL

ÍNDICE DE QUADROS

ÍNDICE DE FIGURAS

INTRODUÇÃO

Apresentação do problema

Inicialmente esclarece que o presente livro é uma adaptação de minha Monografia apresentada a ESCOLA PAULISTA DE DIREITO (EPD), no ano de 2009 para obtenção do grau de especialista em políticas públicas e gestão governamental. Assim sendo, os dados estatísticos apresentados e tabelas tem com atualizações até abril/2011.

A grande maioria das cidades brasileiras se desenvolveu de forma desordenada, apesar da grande atenção que efetivamente se deu ao tema do planejamento urbano no país. Não foi diferente com a cidade de São Paulo, capital econômica e financeira do Brasil. A implementação da grande indústria do país tornou-a em poucos anos a maior metrópole da América Latina, contando atualmente com uma população de 11.253.503 habitantes (Instituto Brasileiro de Geografia e Estatística [IBGE], 2010).

Todo esse desenvolvimento acelerado culminou com uma série de problemas de ordem ambiental, principalmente com o trânsito caótico e insuportável para a população. Especialistas temem que, se não forem tomadas medidas urgentes, o trânsito ficará inviabilizado. Esse fato representaria um caos absoluto, tratando-se de uma grande cidade, que concentra parcela significativa das riquezas do país.

Nesse contexto, analisaremos os impactos sobre as condições de trabalho (saúde e segurança) dos mais de 35 mil trabalhadores que operam o transporte coletivo urbano do município de São Paulo (Sindicato dos Motoristas e Trabalhadores em Transportes Rodoviário Urbano de São Paulo [SMTTRUSP], 2007).

Objetivo do livro

O presente trabalho tem como objetivo identificar os problemas de trânsito e de transporte da cidade de São Paulo, tratando especificamente dos impactos nas condições de trabalho dos profissionais do transporte coletivo (motoristas e cobradores). Retratará, também, a realidade vivida por essa categoria, com base em uma análise dos dados estatísticos[1] da população envolvida, como: veículos, trabalhadores e usuários. Destarte, proporá um conjunto de diretrizes fundamentais para a eventual adoção de ações e políticas públicas de Estado capazes de adequar e aperfeiçoar as condições de trabalho desses profissionais com a conseqüente minimização dos impactos do trânsito no meio ambiente.

---

[1] Esclarece que os dados estatísticos aqui tratados encontram-se atualizados até abril/2011.

Relevância do livro

O transporte coletivo é um direito do cidadão e um dever do Estado, consoante o disposto no artigo 30 da Constituição Federal da República Federativa do Brasil. É um serviço essencial à população, destinado principalmente à grande maioria que se utiliza diariamente dos serviços públicos de locomoção por meio de ônibus, metrô ou trem. Destarte, a implementação de políticas públicas voltadas à aperfeiçoar o transporte coletivo e à melhoria das condições de trabalho dos operadores, por certo trará benefícios significativos para toda a população e para o meio ambiente. A maioria absoluta da frota que opera o transporte coletivo urbano da cidade de São Paulo é dotada de motor dianteiro, o que propicia um elevado nível de pressão sonora (ruído), além das vibrações e do calor, que expõe os trabalhadores a condições adversas. O impacto dos transportes coletivos no meio ambiente também é considerável, pois praticamente toda a frota utiliza como combustível o óleo diesel, o que contribui e muito para a poluição atmosférica. Faz-se necessária, portanto, igualmente, a adoção de medidas para o desenvolvimento do transporte ambientalmente sustentável.

Estrutura do livro

O livro denominado de "OS IMPACTOS DO TRÂNSITO NO TRABALHO DOS PROFISSIONAIS DO TRANSPORTE COLETIVO DA CIDADE DE SÃO PAULO", encontra-se estruturado em 07 (sete) capítulos da seguinte forma:

Capítulo 1 – Caracterização do Município de São Paulo – São apresentados dados da cidade, como a localização e formação do município.

Capítulo 2 – O Trânsito – Trata especificamente do trânsito na cidade de São Paulo, abordando o sistema viário, a frota de veículos, a operação rodízio, a inspeção veicular ambiental, os óbitos em acidentes de trânsito e um comparativo com outras metrópoles.

Capítulo 3 – O Transporte – Trata do transporte público de passageiros operado por ônibus, fazendo um breve histórico e demonstrando a sua opção. Aborda, ainda, a implementação do novo sistema de transportes no ano de 2003, a frota atual de veículos, motor dianteiro, acidentes envolvendo ônibus urbanos, assaltos, usuários e os trabalhadores que operam o transporte coletivo.

Capítulo 4 – Aborda as condições de saúde e segurança dos profissionais do transporte coletivo da cidade de São Paulo.

Capítulo 5 – Aborda os impactos do trânsito nas condições de trabalho dos profissionais do transporte coletivo por ônibus.

Capítulo 6 – Trata da legislação aplicada.

Capítulo 7 – Trata das diretrizes de políticas públicas e de gestão capazes d implementar um transporte público menos agressivo a saúde dos trabalhadores e danoso a meio ambiente.

Por último, a conclusão e referências bibliográficas e índice remissivo.

Finalmente, no que concernem as citações, foram respeitadas as normas par elaboração e apresentação, optando-se pela norma da *American Psychological Associatio* (APA).

Capítulo 1. Caracterização do Município de São Paulo

A cidade de São Paulo é a capital do estado de mesmo nome, contando com 457 ano de história (2011) e uma área territorial de 1.523,278 km². Altitude de 750 metros acima d nível do mar. Latitude de 23°32, 0´W. Longitude 46°37,0´W. Conta com uma população d 11.253.503 habitantes, (IBGE, 2010). Estabelecimentos: duas mil agências bancárias, 34 m indústrias, 72 mil comércios, 90 mil serviços, 240 mil lojas, 900 feiras livres, 114 hospitais, 1 prontos-socorros, 4 mil farmácias, 59 ruas de comércio especializado (IBGE, 2009). Tem um frota de 7.033.604 veículos (Departamento Estadual de Trânsito de São Paulo [DETRANSP] 2011).

Figura 1 – Mapa do Município de São Paulo

Em termos econômicos, São Paulo representa a grande metrópole da America do Sul Segundo dados do IBGE (2008), o estado possui atualmente um Produto Interno Brut equivalente a 15% (quinze por cento) do nacional, sendo o terceiro maior PIB do país. O município acolhe 6% da população brasileira (IBGE, 2008).

1.1. Formação do Município

A formação do município de São Paulo deu-se dentro do processo de exploração das terras americanas, a partir do século XVI, pelos portugueses José de Anchieta e Manoel da Nóbrega, na companhia de outras autoridades religiosas que chegaram ao planalto de Piratininga entre os anos de 1553 e 1554. Em 25 de janeiro de 1554 fundaram o Colégio dos Jesuítas, e, segundo Taunay (1920), foi neste período que começaram a ser construídas as primeiras casas de taipa que formaram o povoado de São Paulo de Piratininga.

Capítulo 2. O Trânsito

Segundo o Código de Trânsito Brasileiro, trânsito significa "a movimentação e mobilização de veículos, pessoas e animais nas vias terrestres." (Código de Trânsito Brasileiro [CTB], 2010; anexo1).

Para VANDERBILT, o trânsito é um "microcosmo da sociedade", justificando "O tráfego talvez seja a manifestação mais verdadeira da sociedade, pois a rua e a estrada, diferentemente de outros lugares, em geral misturam pessoas de todas as idades, classes, raças, religiões, etc." (Vanderbilt, 2010).

Discute-se muito as conseqüências do trânsito nas grandes cidades, principalmente nos seus aspectos negativos (congestionamentos, poluição, ruídos, responsabilidade por inúmeros óbitos, etc.). Contudo, socialmente falando, não podemos esquecer que o trânsito é fruto do desenvolvimento econômico e tecnológico dos centros urbanos. É um processo inevitável do aumento da população provida de recursos mínimos à subsistência com dignidade, até mesmo porque os veículos de transportes são necessidades de mobilidade.

Nos dias de hoje, em São Paulo, dificilmente encontramos alguém provido de recursos financeiros disponíveis que faça opção por não ter um veículo. Seja para mobilidade do trabalho, do lazer, ou mesmo, eventualmente, em emergências como para socorrer pessoas acidentadas ou acometidas de doenças repentinas.

Destarte, o deslocamento urbano é necessário em todo e qualquer ambiente urbano. Não podemos simplesmente prescindir dele. Temos que somar esforços e empenho de toda a coletividade no sentido de humanizá-lo, de torná-lo ideal, possível e eficaz no exercício do direito de mobilidade das pessoas.

O trânsito ideal é aquele que não mata, não estressa, não agride, não pára, mas, sim, aquele que é fruto do exercício do direito de cidadania suprindo as necessidades profissionais e individuais de mobilidade.

Nesse diapasão é a declaração do prefeito de São Paulo, Kassab que vê como um trânsito ideal aquele em que o cidadão enxerga as vias como parte de seu lar:

> "O trânsito ideal é aquele em que o cidadão enxerga nas avenidas e ruas da cidade mais do que uma simples via de acesso, mas uma parte da sua própria casa. Nele, o poder público tem de oferecer as melhores condições de tráfego, seja na qualidade da malha viária ou na sinalização; e o cidadão precisa seguir as regras de trânsito, zelar pelas condições do espaço público e respeitar, igualmente, a pessoa que divide o espaço com ele, seja ela um pedestre ou um outro motorista." Kassab, (2007 como citado em Tawil, 2007, p. 88).

Vejo como ideal o trânsito que possibilite a mobilidade das pessoas com segurança e eficiência, em tempo razoável. Para alcançarmos esta condição não basta tão-somente ampliar as malhas viária, ferroviária e metroviária existentes, é preciso também educar os condutores e pedestres a respeitar o espaço de cada um.

2.1. Sistema Viário

De acordo com FERRAZ, FORTES & SIMÕES, (1999) o sistema viário nada mais é do que um conjunto articulado de vias e obras, como: pontes, túneis, rotatórias e trevos, voltados objetivamente para o fluxo de pedestres e veículos.

O sistema viário, em sentido amplo, para Silva "é o conjunto das redes, meios e atividades de comunicação terrestres, aquáticos e aéreos que permitem o deslocamento de pessoas e coisas de um ponto a outro do território nacional, estadual e municipal". (Silva, 2008; p. 185). De acordo com a Associação Internacional de Administradores Municipais o sistema viário é responsável pela estrutura das cidades, vejamos:

> "O sistema viário forma a estrutura da cidade, constituindo, talvez, seu mais importante elemento. Este sistema determina, em grande parte, a facilidade, a conveniência e a segurança com que o povo se locomove através da cidade; estabelece o tamanho das quadras; constitui um canal para luz e ar, bem como para instalações das redes aéreas e subterrâneas. Nenhum outro elemento da composição material da cidade é tão permanente quanto suas ruas." Associação Internacional de Administradores Municipais (2008, como citado em Silva, 2008, p. 183).

O autor supracitado justifica, ainda, que o sistema viário "é o meio pelo qual se realiza o direito à circulação, que é a manifestação mais característica do direito de locomoção, de ir e vir e também de ficar (estacionar, parar), assegurado na Constituição Federal." (Silva, 2008; p. 183).

2.2. Sistema de Trânsito

Para FERRAZ et al. (1999), o sistema de trânsito é o resultado do conjunto de normas operacionais do sistema viário, que engloba (circulação, estacionamento, embarque e desembarque de passageiros, carga e descarga de produtos, etc.).

Para BARBOSA:

> "A elaboração das de operações inclui a definição dos sentidos de percurso das vias, velocidades máximas, espaços destinados a estacionamento, tipo de operação nos cruzamentos, sinalização de trânsito, proibição de circulação determinados tipos de veículos em algumas vias ou faixas conforme a hora do dia, etc." (Barbosa, 2005, p.26).

FERRAZ et al., (1999) sustenta que o planejamento dos sistemas viários e de trânsito tem como objetivos garantir:

- Segurança nos deslocamentos de veículos e pedestres.
- Fluidez no movimento de veículos e pedestres.
- Comodidade no movimento de veículos e pedestres.
- Facilidade de estacionamento e de embarque/desembarque de passageiros e de carga/descarga de produtos.
- Comodidades aos usuários do transporte coletivo durante a espera nos pontos de parada, localizados nos passeios públicos.
- Priorização do transporte coletivo, quando pertinente.

Para atingir esses objetivos as seguintes ações são necessárias:

- Ampliar adequadamente o sistema viário à medida que a cidade cresce.
- Definir a rede de vias principais (corredores), a hierarquização das vias e os sentidos de fluxo.
- Distribuir racionalmente o espaço disponível entre o alinhamento predial das vias entre pedestres (largura das calçadas e canteiros centrais), veículos (números e largura das faixas de tráfego e de estacionamento) e usuários do transporte público (largura das calçadas junto aos pontos de ônibus).
- Definir o tipo de operação nos cruzamentos entre (sinal de parada obrigatória, semáforo, rotatória, passagem em desnível, etc.).
- Sinalizar adequadamente o sistema viário.
- Utilizar estratégias para o controle da velocidade dos veículos onde necessário, através de ações físicas: lombadas, estreitamento de pista, rotatória, sonorizadores, etc., ou

dispositivos automáticos de monitoramento contínuo (radares fixos e lombadas eletrônicas). Da mesma forma, utilizar dispositivos de controle da obediência ao sinal vermelho nos semáforos críticos (dispositivos verificadores de avanço de sinal vermelho).

- Estabelecer prioridades para o transporte público, quando necessário, (faixas ou canaletas para ônibus, preferência nos semáforos, etc.).

2.3. O Trânsito da Cidade de São Paulo

A cidade de São Paulo apresenta um dos piores trânsitos do mundo, trazendo grandes transtornos para as pessoas se locomoverem. Na verdade, o desenvolvimento da metrópole se deu de forma avassaladora, principalmente com a implementação da indústria nacional. O plano de urbanização não conseguiu acompanhar o crescimento da população, culminando em diversos problemas estruturais e de dimensionamento territorial num curto espaço de tempo. Em outras palavras, o crescimento ocorreu de forma desordenada, dificultando e muito a implantação de políticas públicas capazes de solucionar o caos do trânsito. Muito se discute, até de forma demagógica, o desenvolvimento de um sistema viário capaz de atender às peculiaridades do município e as necessidades dos cidadãos. Contudo, todos concordam quanto às dificuldades a serem superadas, até mesmo porque São Paulo não foi planejada para suportar uma população acima de 11 milhões de habitantes e uma frota acima de 7 milhões de veículos, para um espaço territorial de 1.523 km². As projeções futuras não são favoráveis, pois entre 2006 e 2007 a frota de veículos da capital recebeu em torno de 600 veículos e 240 motocicletas por dia. A frota em apenas um ano aumentou 5,7%, passando de 3,8 milhões para 4 milhões de veículos. (Fundação Sistema Estadual de Análise de Dados [SEADE], 2009).

Para MARQUES, "o trânsito é um dos maiores problemas ambientais das cidades, pois provoca poluição do ar e sonora, estresse e violência." (Marques, 2005, p. 112).

São Paulo conta apenas com uma malha metroviária de 61,3 km de extensão subdividida em 4 linhas e 53 estações, que transporta aproximadamente 3,3 milhões de pessoas. (Companhia do Metropolitano de São Paulo [Metrô de São Paulo], 2010).

A cada dia que passa nos deparamos com um trânsito assustador na cidade de São Paulo, seja quando nos dirigimos ao trabalho, a nossa casa, à diversão com a família, de manhã ou de madrugada. Esta condição tem levado as pessoas a acentuados níveis de *estresse*. Os repetidos engarrafamentos passaram de exceção a regra e indagamos se chegamos ao limite, quando a cidade vai parar, e quem são os responsáveis.

FIGUEIRA (2000) denuncia o caos vivido pelos paulistanos com o trânsito na cidade e São Paulo:

> "O caos já está instalado nas grandes cidades, e São Paulo é o maior exemplo disso. Falta apenas avisar a sociedade. Assim como os índios se adaptaram às florestas, os nômades ao deserto, os esquimós ao gelo, nos acostumamos aos congestionamentos de automóveis como se fossem inevitáveis. A situação vai piorando a cada ano, e as pessoas se habituam." Figueira, (2000 como citado em Tawil, 2007, p. 75).

Justifica a importância e a necessidade do transporte coletivo, pois é preciso adotar medidas capazes de permitir a circulação dos ônibus:

> "Minha proposta é abrir espaços para o transporte coletivo fluir inteligentemente, no limitado sistema viário, para que seja eficiente. Os órgãos de trânsito e de transporte não podem permitir que os ônibus fiquem presos nos congestionamentos e fiquem reféns dos automóveis e, agora também, das motos." Figueira, (2000 como citado em Tawil, 2007, p. 77).

BRASILIENSE (2007) descarta um colapso que possa fazer com que o trânsito da idade de São Paulo possa um dia parar:

> "Não vai haver, nunca, um colapso no sentido de que todos os carros vão parar. Acontece que nós nunca conseguimos preparar as cidades para os veículos, exceto grandes centros como Londrina, Palmas e Goiânia. Faltou planejamento, mas é possível corrigir com uma visão mais urbanística." Brasiliense, (2007 como citado em Tawil, 2007, p. 76).

SCARINGELLA (2007) atribui os problemas com o trânsito nas grandes cidades à mentalidade dos motoristas:

> "Não temos consciência de que o espaço público é um bem público cada vez mais escasso. Precisamos conviver com essa escassez. É preciso saber que há uma correlação direta entre a verticalização dos edifícios, a infra-estrutura de transportes coletivos e o número de carros circulando." Scaringella, (2007 como citado em Tawil, 2007, p. 78).

Para ROLNIK (2008), o caos enfrentado hoje pelos paulistanos com o trânsito e os transportes públicos, remonta à década de 30, com a opção política proposta por Prestes Maia:

> "O caos que nós vivemos na cidade de São Paulo e região metropolitana como um todo não foi fruto de uma espécie de inatividade do Estado ou da falta de políticas, mas sim da presença de certas opções de políticas urbanas que foram sendo tomadas ao longo do tempo especialmente num momento que a cidade crescia bastante aceleradamente. Prestes Maia engenheiro apresenta uma proposta do ponto e vista urbanístico alternativo que é a construção de um plano de avenidas. Que avenidas seriam essas? Seriam as avenidas radiais que sairiam do centro em todas as direções. Esse princípio da expansão ilimitada teria como base fundamental da circulação o transporte sobre pneus, ou seja, os automóveis e os ônibus. Saiu e custou muito caro fazer todas essas avenidas e viadutos, e se

a gente colocasse na ponta do lápis todo esse dinheiro que foi investido ao longo de décadas no viário tivesse sido em transporte coletivo de massa como, por exemplo, o metrô, nós estaríamos muito melhor do que estamos hoje." (Rolnik 2008).

Para WAISMAN (2008), a opção de privilegiar o uso do automóvel em vez dos transportes públicos de Prestes Maia, foi um equívoco:

> "De uma forma geral o que a administração pública fez foi optar por um modelo que acabou se demonstrando errado. Que foi aquele de privilegiar o uso do automóvel enquanto simultaneamente não se faziam os mesmos investimentos em transportes públicos. Se nós expandirmos as redes de metrô, de trens e de corredores urbanos. Se melhorarmos a qualidade, certamente o usuário do automóvel terá alternativas. Alternativas mais rápidas muito mais baratas e aí ele poderá deixar seu automóvel em casa e se deslocar por transporte público." (Waisman, 2008).

MARQUES (2005) sustenta que o transporte coletivo deve ser privilegiado, pois ele é o responsável pela mobilidade da maior parte das pessoas, justificando que "o transporte coletivo é preferível ao transporte individual, pois alivia a circulação (redução do número de veículos) permitindo que o trânsito flua regularmente, além de reduzir o impacto na audição e na qualidade do ar respirado." (Marques, 2005, p. 113).

Aponta como alternativas para redução do trânsito "...o incentivo de uso de hidrovias e ferrovias, que reduzem a poluição do ar e sonora, proporcionando bem-estar aos indivíduos, com redução significativa do número de acidentes." (Marques, 2005, p. 114).

Medidas de controle devem ser tomadas, pois, do contrário, em poucos anos o transporte na grande megalópole da América Latina poderá ser inviabilizado, o que por certo trará danos incomensuráveis, tanto econômicos quanto sociais.

Especialistas como ROLNIK (2008) e WAISMAN (2008) sustentam que as únicas saídas para o trânsito da cidade de São Paulo são os transportes coletivos de massa como trem e metrô.

SCARINGELLA (2004) tratando da mobilidade urbana na cidade de São Paulo, explica que para entendermos a crise de mobilidade vivida pelos cidadãos paulistanos, se faz necessária uma análise das relações entre "o uso e ocupação do solo urbano, os sistemas de transporte e infra-estrutura viária, interação entre fator humano, veículo, via pública e meio ambiente." (Scaringella, 2004).

Quanto ao discutido caos generalizado que poderá parar o trânsito na cidade de São Paulo, SCARINGELLA sustenta que "a hipótese de caos generalizado baseia-se em premissas falsa. Seria possível que a cidade se verticalizasse indefinidamente ou que a taxa de motorização chegasse a níveis estratosféricos." Scaringella, 2004).

Com o aquecimento da economia e o desenvolvimento da indústria automobilística no Brasil, na última década, a frota de veículos da cidade de São Paulo passou de 4.749.845 (janeiro de 1998) para 6.361.550 (novembro de 2008). Isso representou um aumento de 1.611.705 veículos, sem contar com aqueles que são licenciados em outros estados e permanecem no município. Atualmente (janeiro/2011) a frota já ultrapassou a monta de 7 milhões de veículos.

Quadro 1 - Evolução da frota de veículos de São Paulo

Legenda: Fonte: Detran/SP
Coluna 1: ciclomoto, motoneta, motociclo, triciclo e quadriciclo
Coluna 2: micro ônibus, camioneta, caminhonete, utilitário
Coluna 3: automóvel
Coluna 4: ônibus
Coluna 5: caminhão
Coluna 6: reboque e semi-reboque
Coluna 7: outros

Janeiro 2010								
	1	**2**	**3**	**4**	**5**	**6**	**7**	**Total**
Capital	823.657	658.022	4.969.456	41.810	164.071	69.917	6.167	**6.733.100**
Estado	3.777.764	1.899.768	13.298.992	127.350	689.169	347.449	117.947	**20.258.439**
Janeiro 2009								
	1	**2**	**3**	**4**	**5**	**6**	**7**	**Total**
Capital	762.260	603.823	4.749.184	41.876	165.694	67.297	5.954	**6.396.088**
Estado	3.481.387	1.728.314	12.509.035	123.210	660.433	325.765	117.060	**18.945.204**
Janeiro 2008								
	1	2	3	4	5	6	7	Total
Capital	658.973	548.965	4.512.118	40.253	158.865	64.420	5.640	5.989.234
Estado	3.061.892	1.574.530	11.785.589	116.141	626.887	302.255	116.125	17.583.419
Janeiro 2007								

	1	2	3	4	5	6	7	Total
Capital	569.806	507.560	4.285.620	38.151	152.808	61.604	5.500	5.621.049
Estado	2.627.283	1.454.238	11.094.236	109.026	597.769	281.636	115.710	16.279.898

Janeiro 2006

	1	2	3	4	5	6	7	Total
Capital	499.686	478.452	4.108.461	36.493	148.125	59.293	5.392	5.335.902
Estado	2.277.370	1.367.943	10.553.263	103.612	575.592	264.384	115.388	15.257.552

Janeiro 2005

	1	2	3	4	5	6	7	Total
Capital	503.937	502.071	4.494.626	44.672	172.513	76.919	6.456	5.801.194
Estado	2.192.412	1.407.463	10.964.740	116.310	630.226	288.763	120.101	15.720.015

Janeiro 2004

	1	2	3	4	5	6	7	Total
Capital	470.195	486.934	4.392.056	41.984	169.453	75.016	6.433	5.642.071
Estado	1.993.572	1.352.595	10.563.878	111.481	612.997	274.274	120.027	15.028.824

Janeiro 2003

	1	2	3	4	5	6	7	Total
Capital	437.515	475.811	4.285.355	37.762	168.695	73.910	6.420	5.485.468
Estado	1.813.929	1.310.200	10.196.189	105.588	601.548	262.054	119.963	14.409.471

Janeiro 2002

	1	2	3	4	5	6	7	Total
Capital	405.969	463.466	4.158.831	36.577	167.464	71.893	6.407	5.310.607
Estado	1.648.536	1.266.392	9.782.037	101.612	589.108	248.854	119.838	13.756.377

Janeiro 2001

	1	2	3	4	5	6	7	Total
Capital	376.805	445.284	4.021.586	36.030	165.383	69.336	6.374	5.120.700

| Estado | 1.500.503 | 1.207.934 | 9.326.662 | 98.606 | 573.928 | 236.346 | 119.843 | 13.063.822 |

Janeiro 2000								
	1	2	3	4	5	6	7	Total
Capital	348.098	411.457	3.908.816	36.241	163.421	67.468	12.638	4.948.139
Estado	1.383.499	1.119.380	8.907.260	96.828	558.848	224.920	135.046	12.425.781

Janeiro 1999								
	1	2	3	4	5	6	7	Total
Capital	323.208	399.660	3.855.663	37.198	162.442	66.356	7.387	4.851.914
Estado	1.297.291	1.085.737	8.572.210	96.425	547.258	214.692	122.632	11.936.245

Janeiro 1998								
	1	2	3	4	5	6	7	Total
Capital	299.755	382.546	3.795.534	37.836	162.218	64.604	7.352	4.749.845
Estado	1.185.111	1.018.270	8.109.924	93.242	528.131	200.116	123.560	11.258.354

Para ABRAMO (2004), atualmente o trânsito tem sido uma das imagens-clichê da cidade de São Paulo:

> "Uma das imagens-clichê de São Paulo é aquela que mostra uma avenida qualquer da cidade tomada por carros na hora do rush. Quase que se pode ouvir o som dessa cena: buzinas a esmo, a tensão da espera no ar, resmungos particulares, uma explosão de impaciência aqui e ali. Fruto de uma combinação funesta de milhares de carros em circulação, transporte coletivo precário e um feroz individualismo, os engarrafamentos tornaram-se uma das marcas distintivas da cidade." (Abramo, 2004, p. 192).

Com o crescente aumento da frota de veículos rodoviários na cidade de São Paulo, os impactos na saúde da coletividade são evidentes, principalmente com a poluição atmosférica. O que impõe aos gestores públicos a obrigação de desenvolverem políticas públicas imediatas e também de longo prazo, dotadas de eficácia para minimizar tais impactos. Não bastam medidas paliativas de curto prazo, mas, sim, o desenvolvimento de uma política de trânsito e transporte para as próximas duas décadas pelo menos.

JACOBI (2006) demonstra os efeitos da poluição com o aumento da frota de veículos na cidade de São Paulo, bem como das doenças relacionadas:

"O efeito do crescimento do número de veículos trouxe graves impactos para o ambiente e à saúde humana. Os poluentes que mais se destacam são o material particulado e o monóxido de carbono. As principais doenças relacionadas à poluição atmosférica são: bronquite, asma, enfisema, infecções pulmonares, agravamento de sintomas cardíacos, eczemas e erupções da pele, conjuntivite química e lacrimejamento." (JACOBI, 2006, p. 41).

MARQUES (2005) fundamenta que a poluição além de desencadear doenças, provoca a corrosão de materiais:

"Estudos médicos já associaram a poluição provocada pelos veículos automotores a doenças e corrosão de materiais. Há muito tempo se noticia que os monumentos históricos de Atenas estão sofrendo danos ocasionados pela poluição do ar. Da mesma forma, prédios localizados em Londres." (Marques, 2005, p. 112).

A Companhia de Tecnologia de Saneamento Ambiental (CETESB), tratando da emissão veicular, aponta as dificuldades enfrentadas pelas pessoas da região metropolitana de São Paulo com a poluição causada pelos veículos automotores, principalmente quanto à saúde e à qualidade de vida:

"[...] Nas áreas metropolitanas, o problema da poluição do ar tem-se constituído numa das mais graves ameaças à qualidade de vida de seus habitantes. As emissões causadas por veículos carregam diversas substâncias tóxicas que, em contato com o sistema respiratório, podem produzir vários efeitos negativos sobre a saúde. Essa emissão é composta de gases como: monóxido de carbono (CO), óxidos de nitrogênio (NOx), hidrocarbonetos (HC), óxidos de enxofre (SOx), material particulado (MP), etc.

O monóxido de carbono (CO) é uma substância inodora, insípida e incolor - atua no sangue reduzindo sua oxigenação.

Os óxidos de nitrogênio (NOx) são uma combinação de nitrogênio e oxigênio que se formam em razão da alta temperatura na câmara de combustão - participa na formação de dióxido de nitrogênio e na formação do "smog" fotoquímico.

Os hidrocarbonetos (HC) são combustíveis não queimados ou parcialmente queimados que é expelido pelo motor - alguns tipos de hidrocarbonetos reagem na atmosfera promovendo a formação do "smog" fotoquímico.

A fuligem (partículas sólidas e líquidas), sob a denominação geral de material particulado (MP), devido ao seu pequeno tamanho, mantém-se suspensa na atmosfera e pode penetrar nas defesas do organismo, atingir os alvéolos pulmonares e ocasionar: mal-estar; irritação dos olhos, garganta, pele etc.; dor de cabeça, enjôo; bronquite; asma; câncer de pulmão.

Outro fator a ser considerado é que essas emissões causam grande incômodo aos pedestres próximos às vias de tráfego. No caso da fuligem (fumaça preta), a coloração intensa e o profundo mau cheiro desta emissão causam de imediato uma atitude de repulsa e pode ainda ocasionar diminuição da segurança e aumento de acidentes de trânsito pela redução da visibilidade." (Companhia de Tecnologia de Saneamento Ambiental [CETESB], 2011).

.3.1. Operação Rodízio

Considerando os altos índices de poluição do ar na cidade de São Paulo, especialmente a estação do inverno, a administração municipal implantou o sistema de rodízio para a irculação dos veículos. Tal medida restringe a locomoção dos automóveis de acordo com o úmero final da placa em determinados dias nos chamados horários de pico (das 7h00 às 10h00 das 17h00 às 20h00). Abaixo, um gráfico da área de abrangência do rodízio no município, hamada de "centro expandido".

Figura 2 – Mapa centro expandido de São Paulo

A Operação Rodízio foi implantada, inicialmente, no ano de 1997, com a aprovação da ei Municipal nº. 12.490, e regulamentada através do Decreto nº. 37.085[2] do mesmo ano. A estrição à circulação de veículos teve o propósito de melhorar as condições ambientais com a edução dos poluentes na atmosfera, bem como melhorar o trânsito uma vez que retira 20% da rota das ruas. Atualmente o rodízio foi estendido para os veículos pesados, do tipo caminhão, através da Lei nº. 14.751 e do Decreto nº. 49.800, ambos de 2008.

LANFREDI (2002), tratando da matéria, coleciona dados da Agenda 21[3] que ecomendou aos governos a adotarem medidas capazes de minimizar os riscos à vida, à saúde e io meio ambiente.

O decreto nº. 37.085/97 foi alterado pelos decretos: 37.346/98; 38.815/99; 44.099/03; 45.273/03; 47.680/06.

AGENDA 21 – Documento sistematizado em 40 capítulos (programa de ação) da Conferência das Nações Unidas obre Meio Ambiente e Desenvolvimento – CNUMAD, realizada em 1992 no Rio de Janeiro, Brasil. A conferência chamada por alguns de ECO-92. A Agenda 21 foi construída com a participação de mais de 179 países e tem omo objetivo promover em escala mundial métodos de proteção ambiental.

"O crescimento da frota acarretou no agravamento da concentração de poluentes, impondo riscos à saúde pública. Os veículos são responsáveis por 98% das emissões de monóxido de carbono, 97% de hidrocarbonetos, 97% de NOx, 85% de SOx e 41% de material particulado. Era preciso uma estratégia para reverter essa situação. Atendendo ao 'Princípio da Precaução' contemplado na Agenda 21, que recomenda que os governos adotem medidas destinadas a prever, evitar ou minimizar as situações de riscos à vida, à saúde ou ao meio ambiente, bem como mitigar seus efeitos negativos, a Secretaria do Meio Ambiente e a Cetesb implantaram a Operação Rodízio e elaboraram a *Política de Controle da Poluição Veicular e Transporte Sustentável.* "(Lanfredi, 2002).

O autor justifica ainda que:

"Sem prejuízo de preservar a qualidade do automóvel, como sinal de progresso, de evolução e de dinamismo, em uma época marcada pela tecnologia, a medida em tela procurou encontrar formas de administrar os problemas sociais e ambientais causados pelos veículos." (Lanfredi, 2002).

Contudo, segundo o mesmo autor, o rodízio não representa meio eficaz para a redução da poluição, justificando que "(...) a experiência do rodízio de veículos, bastante questionada e criticada, não representa meio eficaz, que, por si só, diminuirá os níveis de poluentes, necessitando de outros instrumentos para isso." (Lanfredi, 2002, p. 103).

Para ARTAXO (2002), o rodízio não traz resultados. Vejamos:

"O rodízio reduz 10% a 15% da poluição, enquanto a inspeção veicular diminui em 30 a 40%. O interessante – completa o referido técnico – seria unir diversas estratégias, como incentivo do uso do gás natural e ao aparelhamento e aperfeiçoamento do transporte público, o que não está sendo feito." Artaxo, (2002 como citado em Lanfredi, 2002)

A Operação Rodízio representa apenas uma medida paliativa e de curto prazo na tentativa de reduzir a emissão de gases atmosféricos e de melhoria do trânsito da cidade de São Paulo. Assim que foi implantado surgiu certo efeito. No entanto, passados alguns anos, grande parte dos paulistanos adquiriu outro veículo com final de placa distinta, e o que é mais grave, uma parcela significativa destes últimos automóveis são modelos antigos e mais poluentes.

Para reduzir a poluição ambiental e os danos causados à saúde com os gases lançados pelos veículos automotores não basta retirar parte destes de circulação, em determinados dias e horários, sem exigir uma regular e adequada manutenção para um controle efetivo de emissão de poluentes.

2.3.2. Inspeção Veicular Ambiental

Com vistas a reduzir a emissão de poluentes de gases atmosféricos, a Prefeitura Municipal de São Paulo, seguindo orientação do Conselho Nacional do Meio Ambiente (CONAMA) em maio de 2008, tornou obrigatória a inspeção veicular ambiental para a frota de veículos a diesel e, no mês de fevereiro de 2009, estendeu a inspeção para os demais veículos registrados no município. Em nota de 30/01/2009 denominada de "Inspeção Veicular Ambiental", a Secretaria do Meio Ambiente da Prefeitura Municipal de São Paulo justifica a obrigatoriedade e a necessidade da inspeção veicular:

> "O Programa de Inspeção Veicular Ambiental está em implantação na capital desde 2007, quando foi dada a ordem de início. Trata-se de uma medida que visa minimizar as emissões de poluentes pelos veículos registrados na cidade, buscando estimular seus proprietários a fazerem a manutenção adequada e a manterem as emissões de seus veículos dentro dos padrões recomendados pelo Conselho Nacional de Meio Ambiente (CONAMA). É, acima de tudo, um programa de saúde pública.
>
> Segundo pesquisas do Laboratório de Poluição Atmosférica Experimental da Faculdade de Medicina da USP, estima-se que cerca de 10% das mortes de idosos, 7% da mortandade infantil e de 15 a 20% das internações de crianças por doenças respiratórias estejam relacionadas com as variações da poluição atmosférica. Em dias de grande contaminação do ar o risco de morte por doenças do pulmão e do coração aumenta em até 12%. Habitantes de São Paulo vivem em média um ano e meio a menos do que pessoas que moram em cidades de ar mais limpo.
>
> O Programa de Inspeção Veicular Ambiental vem sendo implantado pela Prefeitura gradativamente: em 2008 começou com toda a frota a diesel registrada na cidade. Em 2009 passarão pela inspeção todos os veículos diesel, todas as motos e também os carros movidos a álcool, gás ou gasolina registrados na cidade de São Paulo entre 2003 e 2008.
>
> Os proprietários dos veículos podem começar a agendar sua inspeção em até 120 dias antes da data limite de seu licenciamento. Terá 90 dias para realizar a inspeção.
>
> A Inspeção deve ser realizada de acordo com o final da placa dos veículos. Quem tiver seu veículo aprovado na inspeção, licenciado e não estiver em dívida com a Prefeitura e com o DETRAN poderá solicitar o reembolso da tarifa à Prefeitura." (Secretaria do Verde e Meio Ambiente da Prefeitura Municipal de São Paulo, 2009).

O Programa de Inspeção Veicular Ambiental no município de São Paulo foi instituído pelas Leis Municipais números 11.733/95 e 12.157/96, ambas regulamentadas pelo Decreto n°. 35.305/96, em cumprimento ao Código de Trânsito Brasileiro (CTB), Lei n°. 9.503/97, que estabelece a obrigatoriedade de inspeções periódicas de poluentes nos veículos, nas condições determinadas pelo Conselho Nacional do Meio Ambiente (CONAMA).

"Art. 104. Os veículos em circulação terão suas condições de segurança, de controle de emissão de gases poluentes e de ruído avaliadas mediante inspeção, que será obrigatória, na forma e periodicidade estabelecidas pelo CONTRAN para os itens de segurança e pelo CONAMA para emissão de gases poluentes e ruído." (CTB, 2009).

Conforme exigência do diploma legal supra, o CONAMA regulamentou a inspeção veicular ambiental através das resoluções números 7/93, 227/97, 251/99, 252/99 e 256/99. Além disso, as Leis Federais números 10.203/2001 e 8.703/93 estabelecem que municípios com mais de 3 milhões de veículos, como São Paulo, poderão implantar programas próprios de inspeção periódica de emissores de veículos.

Lamentavelmente a Inspeção Veicular Ambiental passou a ser praticada apenas no início de 2009 na cidade de São Paulo, dez anos após a exigência fincada no Código de Trânsito Brasileiro. A sua implementação por certo trará ganhos significativos para a população e ao meio ambiente da megalópole. Referida inspeção, como política pública, tende a produzir efeitos positivos a longo prazo para nossa cidade, se efetivamente for cumprida com rigor e, por isso, deve ser priorizada.

Veículos novos poluem menos, porque são construídos com essa finalidade. O grande desafio é mantê-los com índices aceitáveis de emissão de poluentes durante a sua vida útil. Todavia, o controle compulsório através de inspeções periódicas é de suma importância.

2.3.3. Óbitos em Acidentes de Trânsito

Segundo dados da São Paulo Transportes (SPTrans, 2007) e da Companhia de Engenharia de Tráfego (CET, 2007) mais de 1.200 pessoas morrem por ano na cidade de São Paulo, em decorrência de acidentes de trânsito:

Quando 2 – Mortes em Acidentes de trânsito

Ano	Nº. de mortes
2002	1.370
2003	1.268
2004	1.419
2005	1.505
2006	1.487
2007	1.291*

De janeiro a outubro de 2007

2.3.4. Comparativo com outras Metrópoles

Ao traçar um comparativo com outras grandes cidades do mundo, principalmente as européias, verificamos inúmeras dificuldades para fazer um paralelo com a nossa megalópole. Senão, vejamos:

2.3.4.1. Londres

Londres (2008), a capital da Inglaterra, localizada ao longo do Rio Tâmisa, conta com uma população de mais de 7,56 milhões de habitantes para uma área territorial de 1.606 km². Tendo uma densidade demográfica de 4.787 habitantes por km². O trânsito também tem sido um problema para os gestores públicos da cidade de Londres, uma vez que, como São Paulo, nos últimos anos a frota de veículos aumentou de forma considerável, a ponto de se implantar um pedágio urbano no centro da cidade no valor de 8 libras esterlinas, o que não tem resolvido os diversos congestionamentos noticiados diariamente.

Segundo CLARK (2009), responsável pelo programa de cobrança de congestionamento de Londres, "Pedágio", "a cobrança mudou tudo isso":

> "Ao remover os "níveis históricos" do trânsito de Londres, como ele chama, os planejadores tiveram espaço de manobra para remover a rua da Trafalgar sem conseqüências catastróficas. "Dezoito por cento do trânsito que passava pela Trafalgar Square não tinha um destino na Londres central", ele disse. "Era só um percurso passando por lá. Eles foram os primeiros a ir, por assim dizer". Clark, (2009 como citado em Vanderbilt, 2009, p. 168).

A Prefeitura de Londres tem incentivado cada vez mais o uso dos transportes públicos como o metrô, por exemplo. Um exemplo disso foi à criação de estacionamentos pagos nas estações da periferia para que a população vá até o centro de trem. Mesmo assim, nos horários de pico, a velocidade média do tráfego não supera os 18 km/h.

De acordo com dados dos transportes públicos (2009) Londres conta com uma grande malha rodoviária operada por ônibus, contando com uma frota de aproximadamente 6.800 veículos, os quais transportam em torno de 6 milhões de passageiros por dia em mais de 700 (setecentas) rotas diferentes. Para melhorar o acesso dos usuários todos os ônibus são dotados de piso baixo igualando os níveis das ruas.

Contudo, quando comparada a São Paulo, no que se refere ao trânsito, Londres apresenta uma população inferior ao da nossa metrópole para uma área demográfica superior. Conta com uma extensão de metrô de 408 km, subdividida em 12 linhas com 274 estações, enquanto São Paulo tem apenas 61,3 km de extensão. A frota de ônibus que opera o transporte público da nossa megalópole conta com 14.965 veículos, o que indiscutivelmente revela a opção rodoviária.

2.3.4.2. Lisboa

Lisboa, a capital de Portugal, possui uma área de 84,7 km² para uma população de 469.509 habitantes (2010), apresentando uma densidade demográfica de 5.543 habitantes por quilômetro quadrado, segundo o Instituto Nacional de Estatísticas de Portugal (INE). Tem uma malha metroviária de 37,8 km de extensão, subdividida em quatro linhas e 50 estações, conforme dados do Metropolitano de Lisboa (2009).

Ao confrontar os dados acima com a cidade de São Paulo, identificamos que Lisboa, mesmo apresentando uma área territorial bem inferior e uma população 20 vezes menor, tem uma malha metroviária praticamente igual à de São Paulo.

Os transportes públicos urbanos de Lisboa são realizados pelas empresas públicas CARRIS (autocarros)[4] e METROPOLITANO (metrô), Alves, 2005. A Carris tem uma frota de 752 autocarros, sendo 606 *standard*[5], 90 articulados e 36 *minis*[6] e 20 médios, ainda conta com 57 veículos elétricos, 6 *ascensores* e 2 elevadores, segundo a companhia Carris (2009). Possui, também, mão-de-obra de aproximadamente 2.761 colaboradores.

2.3.4.3. Roma

Roma, a capital da Itália, possui uma população de 2.761.477 habitantes para uma área demográfica de 1.285 km², segundo dados do Instituto Nacional de Estatísticas da Itália (ISTAT, 2010). Roma tem uma frota de veículos praticamente equivalente à de habitantes, de aproximadamente 2,5 milhões de veículos, dos quais 1,9 milhão são de automóveis de passageiros e 379.997 de motocicletas. Tem uma malha metroviária de apenas 36,6 km de extensão, subdividida em duas linhas, com 48 estações e 451 trens, os quais percorrem em torno de 36,9 milhões de quilômetros por ano, segundo a Agência de Mobilidade de Roma, (2007). O que faz com que os romanos enfrentem, diariamente, congestionamentos no trânsito.

A rede de transporte rodoviário urbano percorre diariamente o equivalente a 2.249 km de extensão em 359 linhas e, no período noturno, 546 km distribuídos em 27 linhas. Conta com 2.709 ônibus, dos quais 50 são elétricos, 30 são microônibus e 400 são movidos a metano.

---

[4] Autocarro - Denominação empregada a veículos de transportes de passageiros pesados do tipo ônibus.

[5] *Standard* – Veículos de transportes de passageiros, ou seja, o ônibus convencional.

[6] *Minis* – microônibus.

Todos os demais são movidos a óleo diesel.

Roma mantém, ainda, uma rede de 39 km de extensão de veículos elétricos, que operam em 6 linhas com 164 carros, os quais percorrem o equivalente a 6 milhões de km por ano.

Os transportes públicos urbanos de Roma (ônibus e metrô) transportam em torno de .462 bilhões de passageiros por ano.

3.4.4. Cidade Do México

A capital do México tem uma população de 8.851.080 habitantes (Instituto Nacional de Estatísticas e Geografia do México [INEGI], 2010) para uma área territorial de 1.495 km². Apresenta uma densidade demográfica de 5.920 habitantes por quilômetro quadrado. Não muito diferente de outras grandes metrópoles, o Distrito Federal do México enfrenta grandes desafios com a problemática do trânsito. Possui uma frota em circulação de cerca de 3,5 milhões de veículos (gráfico abaixo de evolução da frota cadastrada no período de 2002 a 2007), na sua grande maioria de automóveis, o que torna o trânsito insuportável. Os governos vêm buscando incentivar a utilização do transporte público coletivo.

Quadro 3 – *"Cuadro 13. Distrito Vehicular: Padrón vehicular (2002-2007)"* (Secretaria de Transportes do Distrito Federal do Mexico, 2002-2007).

Tipo de unidades	2002	2003	2004	2005	2006	2007
Vehiculos particulares	ND	1'987,753	2'278,412	2'592,621	21817,707	**3'106,282**
Transporte de carga	347,576	61,652	62,087	74,974	79,473	**85,841**
Transp. Púb. de Pasajeros (Taxi)	106,525	105,955	106,121	106,763	107,574	**108,141**
Transp. Púb. de Pasajeros (Colectivo)	23,315	23,317	25,862	28,532	29,949	**30,057**
Total	3'831,176	2'178,677	2'472,482	2'802,890	3'034,703	**3'330,321**

A Cidade do México tem uma malha metroviária bastante significativa, se comparada a São Paulo, de 200 km de extensão contando com 175 estações e 11 linhas, (Sistema de Transporte Coletivo da Cidade do México [metro], 2009).

Além do metrô, conta com uma rede de transportes elétricos operada por veículos do tipo trólebus e a tradicional malha rodoviária de ônibus para o transporte de passageiros.

A rede de trólebus conta atualmente com uma extensão de 453,85 km, distribuída em 15 linhas e um total de 405 veículos. A rede de transportes públicos operada por ônibus tem uma extensão de aproximadamente 3.135 km, que percorre diariamente por volta de 91 rotas fazendo as integrações com o metrô. A operação possui em torno de 1.300 veículos, os quais transportam mais de 600 mil pessoas. (Rede de Transportes Públicos do México, 2009).

Na rede de transportes de passageiros, ainda tem uma parte significativa de corredores operada por veículos articulados chamados de *metrobús*, os quais transportam mais de 250 mil passageiros ao dia, conforme demonstra o gráfico abaixo:

Quadro 4 – "Cuadro 22. *Metrobús Insurgentes: Pasajeros transportados por dia (promedio)".* (Secretaria de Transportes do Distrito Federal do Mexico, 2007).

Dia	2006	2007
Lunes	243,194	253,042
Martes	249,624	256,460
Miércoles	252,147	260,566
Jueves	251,976	262,747
Viernes	256,507	264,978
Sábado	136,309	142,314
Domingo	75,481	78,271

Capítulo 3. Transporte

A palavra transporte tem origem no latim e tem como significado mudança de lugar. Segundo NETO "[..] é uma resistência econômica, embora seja, paradoxalmente, o fator essencial à evolução econômica do mundo. Diluir, portanto, resistências é o grande problema que preocupa a humanidade desde os Gênesis, [sic] com o fito de conciliar o aparente paradoxo..." Neto, (1963 como citado em Faria, 2001, p. 214). Extrai-se do conceito acima a importância e a essencialidade do transporte como uma ferramenta indispensável no desenvolvimento de qualquer nação. Não é à toa que na Constituição Federal aparece como serviço público de caráter essencial.

Para CARVALHO os transportes têm a condição de aproximar as pessoas e de fazer circular as riquezas:

> "Os transportes aproximam as pessoas e fazem circular a riqueza integrando os diferentes espaços da ocupação humana. Alargam os horizontes e firmam identidades. Terra, água, ar e o fogo dos motores. Quatro elementos unidos a várias rotas, para fazerem deste pedaço do planeta um país inserido no mundo." (Carvalho, 2003, p. 15).

Os transportes nas suas diversas modalidades existentes têm o poder de aproximação das pessoas e integrações dos grupos sociais, estejam eles radicados em qualquer região do mundo. Além do mais, o transporte promove a circulação de mercadorias de um lugar para o outro, distribuindo riquezas e renda. Imaginamos o que seria do comércio sem o transporte regular de cargas e a mobilidade das pessoas sem os ônibus, metrôs, trens, etc.

Para FERRAZ o transporte coletivo é um serviço essencial nas cidades:

> "Desenvolve papel social e econômico de grande importância, pois democratiza a mobilidade, na medida em que facilita a locomoção das pessoas, constitui um modo de transporte imprescindível para reduzir congestionamentos, os níveis de poluição e o uso indiscriminado de energia automotiva; e minimiza a necessidade de construção de vias e estacionamentos." Ferraz, (1988 como citado em Cardoso, 2008, p. 73).

3.1. Sistema de Transporte

Para SILVA, o sistema de transporte "é o conjunto de meios e atividades empregados na condução de pessoas, animais ou coisas de um lugar para o outro". (Silva, 2008, p.234). Entende-se por sistema de transporte "o conjunto formado pelos seguintes elementos: meio de transporte (mobilidade), via de transporte (trajetória), instalações (terminais para carregamento, descarga e armazenagem) e o sistema de controle da atividade de transporte". (Faria, 2001, p.06). Já o sistema de transporte urbano, nada mais é do que o transporte realizado dentro de um perímetro urbano.

3.2. Transportes Coletivos da Cidade de São Paulo

Na cidade de São Paulo temos como principais meios de transportes motorizados para mobilidade da população, o ônibus, o automóvel e o metrô, que estão agrupados em rodoviário e metroviário. Tendo em vista o objetivo desse trabalho, abordaremos o transporte coletivo realizado por ônibus.

3.2.1. Histórico

Segundo estudos da SPTrans (2007), denominado de "CRONOLOGIA DO TRANSPORTE COLETIVO EM SÃO PAULO", o transporte coletivo na cidade de São Paulo, como termo inicial, remota ao ano de 1865 quando o italiano Donato Severino elaborou uma tabela de preços dos transportes de alugueres. O levantamento apresenta cronograma de 1865 a 2007, destacado abaixo:

- 1865 – Regulamentação dos serviços de tílburis.
- 1871 – Fundação da Companhia de São Paulo.
- 1872 – Início da operação dos bondes com tração animal.
- 1880 – Criada a linha de bondes da Rua da Liberdade à Vila de Santo Amaro.
- 1889 – Fundada a Companhia Viação Paulista.
- 1890 – Implantada a primeira linha de bonde.
- 1893 – Foi regulamentada a emissão de passes pelo poder público, unificando os passes utilizados pela Companhia Carris e Viação Paulista.
- 1896 – Antônio Guacho (vindo do Canadá) e o Comendador Antônio Augusto de Souza iniciaram tratativas para formar uma empresa para exploração do transporte por eletricidade.
- 1897 – A Câmara Municipal aprovou concessão do transporte por eletricidade por um prazo de 40 (quarenta) anos. De volta ao Canadá, Guacho conseguiu investimentos para implementação do projeto.
- 1899 – Os investidores fundaram, no Canadá a *The São Paulo Railway, Light & Power Company* Ltda., ano em que conseguiu autorização para atuar no Brasil.
- 1926 – Foram importados 50 ônibus *Yellow Coach* da Europa para operarem nas chamadas linhas circulares.
- 1939 – O Prefeito Prestes Maia criou a Comissão de Estudos Transportes Coletivos do Município de São Paulo – CETS. Tal comissão tinha o propósito de analisar e propor uma administração municipal dos transportes públicos.
- 1941 – Por interferência compulsória do Governo Federal é prorrogada a concessão da *LIGHT* para gerir os transportes públicos.
- 1946 – Através do Decreto de nº. 365, de 10 de outubro, é criada a Companhia Municipal de Transportes Coletivos (CMTC), empresa pública constituída com o objetivo de prestar o transporte coletivo na cidade de São Paulo durante trinta anos.

- 1949 – A CMTC importa 30 veículos do tipo trólebus dos Estados Unidos da América e da Inglaterra, que passam a operar na cidade.
- 1950 – A CMTC importa 200 (duzentos) veículos *Twin Coach* hidramáticos. Para início das operações com tais veículos, foram necessários dois anos de estudos para adaptação às condições peculiares de tráfego da cidade.
- 1954 – A CMTC já é responsável por 90 % da frota operada na cidade de São Paulo.
- 1958 – A CMTC autoriza a prestação de transportes coletivos por empresas particulares na cidade de São Paulo.
- 1968 – É desativado o transporte realizado por bondes.
- 1970 – É criada a Secretaria Municipal de Transportes (SMT).
- 1975 – O metrô começa a operar na cidade de São Paulo.
- 1977 – O município foi dividido em 23 vinte e três áreas a serem operadas por empresas contratadas pela CMTC, nas linhas circulares e intersetoriais.
- 1980 – Construídos os terminais da Penha e da Vila Prudente.
- 1983 – Dá-se a integração entre ônibus – ferrovia, veículos da CMTC e trens metropolitanos da companhia FEPASA.
- 1984 – Primeira linha operada a Gás Metano (CEASA- Lapa).
- 1985 – É fundado o Museu dos Transportes Públicos da cidade de São Paulo.
- 1989 – A municipalidade começa a estudar a viabilidade de municipalização dos transportes públicos.
- 1990 – A CMTC começa os testes com as primeiras empresas municipalizadas.
- 1991 – Através da Lei n°.11.037, oficializou-se a municipalização dos transportes coletivos por ônibus. Abriu-se uma licitação para contratar 42 lotes operacionais.
- 1992 – No dia 25 de janeiro, com a aquisição de 1 mil novos ônibus, a frota chegou a 9.100 ônibus. No final de 1992, a CMTC era responsável apenas por 27 % do serviço de transporte de passageiros, o restante era realizado por empresas contratadas.
- 1993 – Início da privatização da CMTC, com a conseqüente transferência de garagens e da frota.
- 1994 – O sistema passou a ser operado por 47 empresas privadas.
- 1995 – É criada a São Paulo Transportes (SPTrans), em substituição à antiga CMTC. A empresa, diferentemente da CMTC que operava o sistema, passou a ser a gestora tão-somente fazendo o planejamento, programação de linhas e da frota, a fiscalização, a

arrecadação, a contratação e remuneração das empresas. A SPTrans iniciou o Programa de Implantação de Corredores e Terminais de Integração.

- 1996 – Através do Decreto Municipal de n°. 36.071 é instituído o serviço de transporte especial e gratuito a pessoas portadoras de deficiência física, denominado de ATENDE.

- 1997 – Início das obras da primeira linha de transportes operadas por Veículo Leve Sobre Pneus (VLP). É iniciado a cobrança automática de passagens através de catracas eletrônicas, em parte da frota operada.

- 1999 – Transporte alternativo: aprovada a lei para regulamentação de 4.042 lotações.

- 2001 – Diversas medidas foram propostas e implantadas no transporte coletivo, entre elas o Bilhete Único, o Cartão do Idoso e Renovação da Frota.

- 2002 – Aprovado financiamento para implantação dos corredores de ônibus de Pirituba, São João e Guarapiranga.

- 2003 – Implantação do novo sistema de transportes determinando a operação em redes: local, estrutural e central. Contemplava-se o transporte alternativo (por lotações) e transporte convencional (por ônibus). A cidade ganha cinco terminais de ônibus.

- 2004 – A prefeitura oficializou o Bilhete Único (cartão inteligente que permite ao usuário utilizar quantas conduções forem necessárias num prazo de até duas horas, sem custo adicional).

- 2006 – Com a inauguração do Terminal São Miguel, a cidade de São Paulo passa a ter 24 terminais de ônibus. O Bilhete Único é integrado no sistema metroferroviário.

- 2007 – Inaugurado o Eixo Sudeste do Expresso Tiradentes (operado por VLP).

3.2.2. Opção do Transporte Público Operado por Ônibus

Segundo ROLNIK (2003) no plano urbanístico para a cidade de São Paulo, proposto por Prestes Maia, em 1924, e adotado inicialmente por Pires do Rio, optou-se pelo transporte rodoviário, ou seja, aquele operado por ônibus. Justifica a autora: "A concepção urbanística proposta por Prestes Maia em 1924 e iniciada por Pires do Rio se opunha a qualquer obstáculo físico para o crescimento urbano ou a qualquer definição a *priori* de um limite para o crescimento da cidade". (Rolnik, 2003, p. 33). Abaixo, diagrama do plano de avenidas proposto pelo engenheiro Prestes Maia:

Figura 3 – Diagrama das avenidas de Prestes Maia

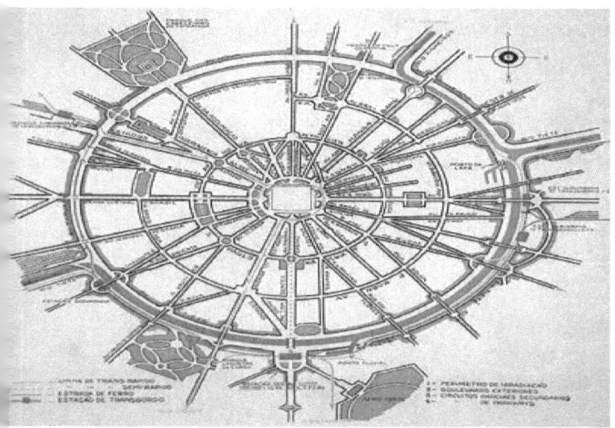

Verifica-se o equívoco da administração pública, na década de 1930, em optar pelo transporte de passageiros mediante o sistema rodoviário operado por veículos sobre pneus (ônibus), em vez do transporte sobre trilhos, como o metrô. Sete décadas depois encontramos uma cidade com mais de 11 milhões de habitantes para uma malha metroviária de apenas 61,3 km de extensão. Sendo que, hoje, as dificuldades de expansão são cada vez maiores.

A autora fundamenta ainda que:

> "Dessa forma, configura-se na cidade a opção pelo modelo rodoviarista do transporte sobre pneus. A implantação efetiva das avenidas propostas por Prestes Maia só ocorre quando este assume a prefeitura no início dos anos 40. Nove de Julho, 23 de Maio, Radial Leste: todas fazem parte do plano que acabou por definir, até os dias de hoje, a estrutura urbana básica da cidade." Rolnik, 2003, p.33).

3.2.3. Implantação do Novo Sistema de Transportes

No ano de 2003 foi implantado um novo sistema de transportes na cidade de São Paulo, no qual foram realizadas as mais variadas mudanças na operação do serviço visando, entre outros objetivos, viabilizar o transporte, incentivar a população a utilizar o transporte público em vez de veículos particulares. Para tanto, foram construídos e reformados terminais de ônibus, renovação da frota, criação do Bilhete Único com integração entre trens e metrô, readequação das linhas, legalização do chamado transporte clandestino e/ou alternativo (operado por vans e microônibus), implantação do transporte operado por Veículos Leves Sobre Pneus (VLP) denominado de "Expresso Tiradentes", adoção de veículos biarticulados com capacidade para transportar 270 passageiros, construção de corredores e aumento da frota.

O novo sistema determinou a operação dos serviços de transportes em rede local, estrutural e central, contemplando tanto os ônibus, quanto os microônibus e vans. "Para participar do processo de licitação os condutores de lotações formaram cooperativas de transportes e saíram da clandestinidade." (SPTrans, 2006).

O transporte coletivo na cidade de São Paulo, realizado por ônibus, é prestado por meio de concessão e permissão de serviço público, de acordo com as condições estabelecidas na Lei Municipal n°. 13.241/2001. Para prestação dos serviços, de forma a atender a população a cidade foi dividida em 8 áreas de operação previamente definidas, conforme abaixo demonstrado:

Figura 4 – Mapa – dimensionamento do transporte na cidade de São Paulo

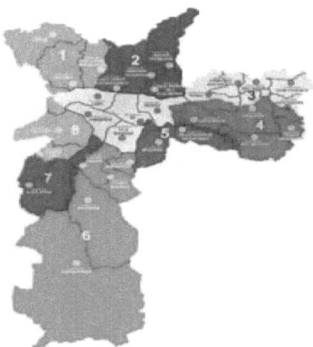

A lei supra estabeleceu a divisão do sistema de transportes, em dois subsistemas, denominados de estrutural e local.

3.2.3.1. Subsistema Estrutural

É aquele operado obrigatoriamente por ônibus[7], visando integrar as mais variadas regiões da cidade e atender ao maior número possível de passageiros, ou seja, as demandas elevadas da cidade. A lei municipal de São Paulo de n°. 13.241/2001 conceitua o subsistema estrutural como o "conjunto de linhas de Transporte Coletivo Público de Passageiros que atendem a demandas elevadas e integram as diversas regiões da cidade" (Artigo 2° da Lei 13.241/2001).

---

[7] Ônibus – Veículo automotor de transporte coletivo com capacidade para mais de vinte passageiros, ainda que, em virtude de adaptações com vista à maior comodidade destes, transporte número menor". CTB.

3.2.3.2. Subsistema Local

É aquele operado por permissionários do transporte coletivo através de microônibus[8] e vans. Tem como meta alimentar o sistema estrutural e atender as demandas internas dentro de uma mesma região. A lei acima conceitua-o da seguinte forma como o "conjunto de linhas de Transporte Coletivo Público de Passageiros que atendem a demandas internas de uma região e alimentam o Subsistema Estrutural." (Artigo 2º da Lei 13.241/2001).

O sistema de transporte, para atender os mais variados itinerários dimensionados na cidade, possui 1.314 linhas municipais, sendo 874 operadas por ônibus no regime de concessão de serviço público e 440 por vans e microônibus na modalidade de permissão.

3.3. Frota de Veículos

O transporte urbano de passageiros do município de São Paulo conta atualmente com uma frota de 14. 965 veículos. Sendo 8.959 ônibus que operam sob o regime de concessão através de 18 empresas e 6.006 permissionários que prestam o serviço de transporte através de vans e microônibus, contando com 08 cooperativas. A frota acima conta com 213 veículos do tipo trólebus, operada através de energia elétrica, que atende 12 linhas e percorre uma área de 184,4 km². (SPTrans, 2008).

Até aqui falamos dos aspectos ambientais do trânsito em relação ao conjunto da sociedade. Mas é preciso falar também dos efeitos do trânsito sobre o ambiente de trabalho dos profissionais do transporte. Contribuem para o agravamento das condições ambientais de trabalho algumas particularidades a respeito da frota de ônibus da cidade de São Paulo.

A atual frota de ônibus, que opera no transporte urbano da cidade de São Paulo, é dotada por motores dianteiros que oferecem diversos riscos nas condições de trabalho dos profissionais do transporte coletivo.

3.3.1. Motor Dianteiro

A grande maioria dos ônibus do transporte coletivo de São Paulo operam com motor dianteiro. Tal opção acaba submetendo os trabalhadores a diversos agentes nocivos à saúde e à integridade física, como ruído excessivo, vibrações e calor. Procuram-se diversas desculpas para justificar a adoção de tais carros, contudo, a condição determinante é a econômica, pois os

---

[8] Micoônibus – "Veículo automotor de transporte coletivo com capacidade para até vinte passageiros". Código de Trânsito Brasileiro.

veículos de motor traseiro têm um custo superior aos de motor dianteiro. Na verdade, os ônibus com motores dianteiros não passam de "caminhões encarroçados". Representam uma redução de custo, sobretudo porque os veículos de motores traseiros têm o chassi alongado, além de diversos outros aspectos técnicos.

A Câmara Municipal de São Paulo aprovou as Leis números 13.542 e 13.612, de 2003, vetando novas aquisições de ônibus com motor dianteiro para operar no transporte coletivo da cidade, no entanto, não se tem cumprido tal determinação.

Num estudo de audiometria desenvolvido por pesquisadores da Universidade Metodista de Piracicaba (UNIMEP), denominado "PERDA AUDITIVA INDUZIDA POR RUÍDO EM MOTORISTAS DE ÔNIBUS COM MOTOR DIANTEIRO", concluiu-se o quanto o ruído provocado pelos motores dianteiros dos ônibus de transportes urbanos agride a saúde dos trabalhadores:

> "A análise das audiometrias de motoristas de ônibus com motores dianteiros permitiu conhecer o perfil audiológico desses trabalhadores e estudar a incidência da PAINPSE nessa população. A maioria dos motoristas relata que ouve bem, podendo-se citar que ainda há uma preservação da audição na comunicação social. Alguns reportam presença de zumbido, sintoma comum da PAIR. O número elevado de motoristas com pouco tempo de trabalho sugere uma rotatividade desses profissionais na empresa, o que compromete o estudo desses dados. A perda sugestiva de PAINPSE foi detectada em 19% dos audiogramas analisados, sendo 12% na orelha direita e 15% na orelha esquerda. A pequena diferença encontrada não pode estar relacionada com a localização do motor no ônibus, uma vez que o mesmo fica do lado direito do motorista. Os achados apontam para a importância de mais estudos em relações a outras variáveis – como a associação de vibração, ruído urbano, efeitos auditivos e não-auditivos e a suscetibilidade de cada indivíduo –, que podem ser associadas à localização do motor no ônibus e comprometer a audição desses trabalhadores. Assim, é imprescindível a implantação de um Programa de Prevenção de Perda Auditiva (PPPA) para esta população." Freitas & Nakamura, (2003, como citado em Revista de Saúde Pública de Piracicaba, 2003, p.13-19).

Em outro estudo denominado "EXPOSIÇÃO COMBINADA ENTRE RUÍDO E VIBRAÇÃO E SEUS EFEITOS SOBRE A AUDIÇÃO DE TRABALHADORES", realizado com motoristas de ônibus da cidade de São Paulo, em veículos com motor dianteiro, verificou-se o acentuado risco de desenvolvimento de perda auditiva induzida por ruído nesses trabalhadores. "Os resultados encontrados sustentam que o posto de trabalho de motorista de ônibus, sobretudo naqueles com motor dianteiro, comportam risco de desenvolvimento de PAIR, em virtude dos níveis de exposição ao ruído." Silva & Mendes, (2005, como citado em Revista de Saúde Pública, 2005, p.39).

3.4. Acidentes Envolvendo Ônibus Urbanos

A cada dia a imprensa noticia a ocorrência de acidentes de trânsito envolvendo ônibus do transporte coletivo do município de São Paulo. O Sindicato das Empresas de Transporte Coletivo Urbano de Passageiros de São Paulo (SP-URBANUSS, 2002) fez um levantamento dos acidentes ocorridos no período de 1995 a 2002 e chegou a um número assustador de mais de 1 mil acidentes por mês:

Quadro 5 - (SP-URBANUSSS) N°. de acidentes de Trânsito

Mês	1995	1996	1997	1998	1999	2000	2001	2002
Jan.	1.184	1.407	1.429	1.246	1.195	1.119	1.134	712
Fev.	1.198	1.494	1.496	1.200	1.148	1.337	1.009	2.802
Mar.	1.471	1.611	1.592	1.461	1.444	1.331	1.220	1.101
Abr.	1.289	1.552	1.564	1.289	1.370	1.237	1.130	2.100
Mai.	1.499	1.519	1.554	1.432	1.384	1.454	1.219	1.088
Jun.	1.499	1.519	1.554	1.432	1.384	1.454	1.219	1.088
Jul.	1.389	1.493	1.389	1.359	1.320	1.173	1.072	1.100
Ago.	1.582	1.523	1.504	1.355	1.350	1.314	1.237	1.031
Set.	1.470	1.588	1.473	1.454	1.477	1.233	1.106	1.018
Out.	1.593	1.667	1.514	1.470	1.352	1.322	1.384	1.333
Nov.	1.606	1.602	1.498	1.420	1.368	1.284	1.289	1.124
Dez.	1.600	1.619	1.465	1.397	1.381	1.296	1.376	1.128
Total	17.165	18.551	18.027	16.455	16.168	15.273	14.283	15.468
Média	1.430	1.546	1.502	1.371	1.347	1.273	1.190	1.289

3.5. Assaltos nos Ônibus

Segundo dados fornecidos pela São Paulo Transportes (SPTrans, 2008), no ano de 2008 foram registrados 1.896 assaltos nos veículos que operam o transporte coletivo da cidade de São Paulo.

Quadro 6 - Números de Assaltos em 2008

Período	Consórcios	Total
Janeiro	229	229
Fevereiro	194	194
Março	236	236
Abril	200	200
Maio	201	201
Junho	200	200
Julho	147	147
Agosto	124	124
Setembro	93	93
Outubro	77	77
Novembro	103	103
Dezembro	92	92
Total	**1.896**	**1.896**

No período de 1995 a 2008 foram registrados 105.410 assaltos nos veículos do transporte urbano. Tal soma resulta em uma média de 8.108 assaltos por ano e 675 por mês. Abaixo, os gráficos disponibilizados pela São Paulo Transportes (SPTrans, 2008).

Quadro 7 - Números de Assaltos de 1995 a 2008

Ano	Sistema
1995	4.165
1996	5.327
1997	7.051
1998	12.905
1999	10.698
2000	10.668
2001	9.819
2002	11.459
2003	14.857
2004	6.426
2005	3.610
2006	3.270
2007	3.259
2008	1.896
Total	**105.410**

3.6. Usuários

De acordo com dados da São Paulo Transportes (SPTrans, 2008) em média as permissionárias e as concessionárias transportam aproximadamente nove milhões de passageiros por dia, totalizando 232,9 milhões de passageiros por mês. Sendo 91,1 milhões transportados por permissionárias e 141,8 milhões por concessionárias.

3.7. Profissionais do Transporte Urbano de Passageiros de São Paulo

O transporte coletivo urbano da cidade de São Paulo conta atualmente com 35 mil trabalhadores, divididos entre motoristas, cobradores, fiscais, e empregados dos Setores de Administração e Manutenção. Aproximadamente 80 % da categoria é integrada por motoristas e cobradores. (SMTTRUSP, 2007)

Em meados de 2008, o Sindicato dos Motoristas e Trabalhadores em Transporte Rodoviário Urbano de São Paulo contratou uma pesquisa de opinião ao Instituto TOLEDO & ASSOCIADOS, para através de uma amostra representativa de trabalhadores traçar o perfil socioeconômico da categoria. A pesquisa entrevistou 2.041 trabalhadores em transportes divididos em todas as regiões da cidade de São Paulo. Veja a análise dos dados:

Quadro 8 – Pesquisa Perfil da Categoria de Motoristas e Cobradores de ônibus urbanos

- GRAU DE ESCOLARIDADE

Variáveis	Total	P2 Sexo		P1 Localização da Garagem.				
	%	%		%				
		Masc.	Fem.	Sul	Leste	Oeste	Norte	Sudeste
Analfabeto/ Primário incompleto	2,6%	2,4%	4,5%	3,5%	1,8%	3,6%	0,9%	1,2%
Primário completo/ Ginásio incompleto	26,3%	26,8%	17,3%	25,8%	26,5%	27,1%	27,0%	24,3%
Ginásio completo/ Colegial incompleto	31,1%	31,4%	24,5%	30,5%	32,6%	28,5%	32,8%	31,2%
Colegial completo/ Superior incompleto	39,6%	38,8%	53,6%	39,5%	38,7%	40,7%	37,9%	43,4%
Superior completo	0,6%	0,6%	-	0,7%	0,4%	-	1,4%	
Total	2041	1931	110	714	445	361	948	173

- PROFISSÃO

Variáveis	Total	P2: Sexo		P1: Localização da Garagem				
	%	%		%				
		Masc.	Fem.	Sul	Leste	Oeste	Norte	Sudeste
Motorista	54,4%	56,0%	16,4%	53,0%	56,4%	54,8%	54,9%	56,5%
Cobrador	42,1%	40,0%	79,1%	42,7%	40,3%	41,8%	42,2%	46,1%
Fiscal	1,4%	1,8%	-	2,1%	1,1%	0,8%	0,6%	1,7%
Mecânico	1,3%	1,5%	-	1,4%	1,4%	1,4%	0,3%	0,6%
Pintor	0,1%	0,2%	-	-	0,2%	-	0,3%	0,6%
Eletricista	0,1%	0,1%	-	-	0,4%	-	-	-
Funilaria	0,1%	0,1%	-	-	0,3%	-	0,3%	-
Assistente Administrativo	0,1%	-	1,8%	-	-	0,6%	-	-
Auxiliar de Manutenção	0,1%	0,1%	-	-	-	0,3%	-	0,6%
Cobrador/aux de tele	0,0%	0,1%	-	-	-	0,3%	-	-
Borracheiro	0,0%	0,1%	-	-	0,2%	-	-	-
Auxiliar de Serviços Gerais	0,0%	-	0,9%	0,1%	-	-	-	-
Auxiliar de Trafego	0,0%	-	0,9%	-	-	-	-	0,6%
Lubrificador	0,0%	0,1%	-	-	-	-	-	0,6%
Encarregado de Conferência	0,0%	-	0,9%	-	-	0,3%	-	-
Total	2041	1931	110	714	446	361	346	173

- SEXO

Variáveis	Total	P2: Sexo		P1: Localização da Garagem				
	%	%		%				
		Masc.	Fem.	Sul	Leste	Oeste	Norte	Sudeste
Masculino	94,6%	100,0%	-	95,2%	96,6%	88,4%	96,6%	96,0%
Feminino	5,4%	-	100,0%	4,8%	3,4%	11,6%	3,4%	4,0%
Total	2041	1931	110	714	446	361	348	173

- IDADE

Variáveis	Total	P2: Sexo		P1: Localização da Garagem				
	%	%		%				
		Masc.	Fem.	Sul	Leste	Oeste	Norte	Sudeste
18 a 19 anos	0,8%	0,8%	3,6%	0,8%	0,7%	0,6%	0,9%	0,6%
20 a 29 anos	16,0%	15,8%	21,8%	21,4%	11,2%	13,6%	13,2%	16,2%
30 a 39 anos	31,7%	31,6%	31,8%	30,7%	33,5%	36,7%	25,0%	34,7%
40 a 49 anos	33,0%	33,2%	28,2%	30,5%	36,7%	28,3%	41,1%	29,5%
50 a 59 anos	16,0%	16,3%	11,8%	14,3%	16,4%	17,5%	17,5%	18,2%
60 anos ou +	2,7%	2,7%	2,7%	2,5%	2,0%	4,4%	2,3%	2,9%
Total	2041	1931	110	714	446	361	348	173
Média	40,1	40,3	37,8	39,0	40,7	40,7	41,4	39,8

- LOCALIZAÇÃO DAS EMPRESAS

Variáveis	Total	P2: Sexo		P1: Localização da Garagem				
	%	%		%				
		Masc.	Fem.	Sul	Leste	Oeste	Norte	Sudeste
Sul	35,0%	35,2%	30,9%	100,0%	-	-	-	-
Leste	21,8%	22,3%	13,6%	-	100,0%	-	-	-
Oeste	17,7%	16,5%	38,2%	-	-	100,0%	-	-
Norte	17,1%	17,4%	10,9%	-	-	-	100,0%	-
Sudeste	8,5%	8,6%	5,4%	-	-	-	-	100,0%
Total	2041	1931	110	714	446	361	348	173

3.7.1. Motorista

A profissão de motorista é classificada no Cadastro Brasileiro de Ocupações (CBO), do Ministério do Trabalho e Emprego, como aquele profissional que:

> "Conduz e vistoria ônibus e trólebus de transporte coletivo de passageiros urbanos, metropolitanos e ônibus rodoviários de longas distâncias; verifica itinerário de viagens; controla o embarque e desembarque de passageiros e os orientam quanto a tarifas, itinerários, pontos de embarque e desembarque e procedimentos no interior do veículo. Executa procedimentos para garantir segurança e o conforto dos passageiros. Habilita-se periodicamente para conduzir ônibus." (Código Brasileiro de Ocupações – [CBO], 2009).

Para o exercício da profissão de motorista de transporte coletivo urbano é necessário ser habilitado na categoria "D", conforme determina o artigo 143, IV, do Código de Trânsito Brasileiro (CTB), Lei nº. 9.503/1997, e qualificado mediante curso específico de transporte de passageiros, consoante artigo 145, IV, do CTB e resoluções 168/2004, 169/2005, 222/2007 e 285/2008 do Conselho Nacional de Trânsito (CONTRAN). No entanto, a profissão de motorista profissional ainda não foi regulamentada. Atualmente tramitam diversos projetos de lei no Congresso Nacional com o propósito de regulamentar a profissão, entre os quais destacamos o de nº. 99/2007, do deputado federal Tarcísio Zimmermann (PT/RS). O referido projeto foi aprovado na Comissão de Constituição e Justiça da Câmara dos Deputados, em 27/11/2008. Entre as principais inovações, o projeto de regulamentação trata da jornada e condições de trabalho, da aposentadoria de risco, da percepção de adicional de penosidade.[9] Vale esclarecer que al Projeto de Lei 92 foi apresentado inicialmente pela ex-deputada, Dra. Clair, e outros membros do PT/PR), e quando apresentou sua justificação demonstrou a real necessidade da regulamentação da profissão de motorista. Senão, vejamos:

> "JUSTIFICAÇÃO - Como se sabe, o motorista profissional exerce função indispensável ao bom funcionamento da sociedade, seja no transporte de passageiros em geral, no transporte de carga, em ambulâncias, ou ainda na operação de tratores, colheitadeiras, etc. Não há sequer um setor da economia ou atividade humana que possa dispensar a função de motorista profissional. Pois bem, esse profissional, que exerce seu mister em condições reconhecidamente penosas e estressantes, não raro eminente risco de vida, até a presente data não tem legislação reguladora de sua atividade profissional, que possa lhe dar um mínimo de tranqüilidade quanto ao respeito aos direitos básicos indispensáveis a uma vida digna. Com o presente projeto, pretendemos sanar essa falha de nossa legislação trabalhista..." Zimmermann, (2007, como citado em Caderno Especial da Confederação Nacional dos Trabalhadores em Transportes Terrestres [CNTTT], 2008).

---

[9] Penosidade – Adicional devido ao trabalhador sujeito a condições que tragam desgaste a sua saúde e integridade física. Previsto no artigo 7º, inciso XXIII, da Constituição Federal de 1988. Ainda não foi editada lei determinando quais são as atividades penosas propriamente ditas.

Segundo GORNI (1997, como citado em Gonçalves, 2003), a tarefa do motorista de ônibus é conduzir os passageiros a um local determinado. O autor ainda justifica que a tarefa é bastante complexa, ativando funções fisiológicas e mentais, pois o motorista se desloca para acionar comandos, escuta ruídos e sinais decodificando-os como possíveis anomalias mecânicas, comunica-se com os passageiros, planeja suas ações de acordo com situações momentâneas, etc.

De acordo com VALENTIN e LUCONGSANG, dentro do ambiente de trabalho dos motoristas podem ocorrer os mais variados desvios. Vejamos:

> "Variações climáticas, como chuva, podem ocorrer em qualquer ponto ou momento; passageiros que solicitam a parada do veículo em pontos não especificados, os espelhos retrovisores externos podem se desregularem repentinamente, uma obstrução em estradas ou ruas rompem completamente a planilha de horários estabelecidos, engarrafamentos por longos períodos de tempo sob o sol intenso que aumentam a temperatura do veículo, imprevistos que interrompem a viagem, imposições do tráfego que obrigam o veículo a seguir por estradas ou ruas secundárias pouco conhecidas pelo motorista..." Valentin e Lucongsang, (1987 como citado em Gonçalves, 2003, p.20).

3.7.2. Cobrador

Profissional responsável pela cobrança das passagens e de orientação aos usuários do serviço de transporte coletivo de passageiros. O Cadastro Brasileiro de Ocupações, do Ministério do Trabalho e Emprego, descreve a função de cobrador dos transportes coletivos juntamente com a de fiscal, atribuindo-lhe as seguintes atividades:

> "Organizam e fiscalizam as operações dos ônibus e outros veículos de transporte coletivo, como condições de operação dos veículos, cumprimento dos horários, entre outros. Preenchem relatórios; preparam escalas de operadores; examinam veículos e atendem usuários. Agem na solução de ocorrências. Executam a venda de bilhetes em veículos, estações metropolitanas, ferroviárias e similares e administram valores..." (Código Brasileiro de Ocupações – [CBO], 2009).

3.7.3. Fiscal

Trabalhador responsável pela fiscalização da operação do transporte coletivo, como as condições dos veículos, os horários etc. A atividade é enquadrada no Código Brasileiro de Ocupações juntamente com a de cobradores dos transportes coletivos acima demonstrados.

3.7.4. Trabalhadores do Setor de Manutenção

As empresas concessionárias do transporte urbano da cidade de São Paulo mantêm em suas dependências setores próprios para manutenção preventiva e corretiva dos veículos. Nestes setores trabalham diversos profissionais, como mecânicos, funileiros, pintores, eletricistas, ajudantes de manutenção, engenheiros de manutenção etc.

Capítulo 4. Condições de Trabalho e Saúde dos Profissionais do Transporte Coletivo

Os trabalhadores do transporte urbano no desempenho de suas atividades diárias se submetem as mais variadas condições de trabalho, as quais em muitos casos provocam o surgimento de doenças e de acidentes. No município de São Paulo a jornada de trabalho dos motoristas e cobradores é determinada em instrumento coletivo de trabalho (Convenção Coletiva). Atualmente esses profissionais têm uma jornada legal de trabalho de 6h30 diária, acrescida de 30 minutos para refeição e descanso, com uma folga semanal, totalizando 210 horas mensais. (SMTTRUSP, 2008). Entre outras condições inadequadas de trabalho, esses trabalhadores praticam jornadas excessivas com média de 10 horas diárias de trabalho. É cediço que nenhuma atividade, seja ela qual for, é isenta de riscos de acidentes e/ou doenças do trabalho. Contudo, algumas são mais vulneráveis, principalmente aquelas que mantêm os trabalhadores expostos permanentemente em condições de riscos ambientais. Pesquisas justificam que a prestação do transporte de passageiros expõe os operadores a diversos riscos de danos à integridade física e psíquica. Para tanto, podemos citar o trabalho de WALDVOGEL (1999), que ao analisar as mortes por acidentes do trabalho em vias públicas no Estado de São Paulo, chegou à surpreendente conclusão de que aproximadamente 30,2% dos acidentes envolvem a categoria dos condutores (ônibus e caminhões). Um estudo de psicologia denominado "CONDIÇÕES DE TRABALHO E SAÚDE DE MOTORISTAS DE TRANSPORTE COLETIVO URBANO" desenvolvido pelos pesquisadores: Battiston, Cruz e Hoffmann, retratou com precisão as condições de trabalho dos motoristas de transporte coletivo:

> "A atividade de dirigir é desgastante, causa fadiga e sua eficácia está relacionada principalmente a fatores ambientais do local de trabalho e à forma como os motoristas desenvolvem estratégias de enfrentamento para lidar com estes fatores. As condições de trabalho e de saúde dos motoristas de transporte coletivo urbano podem ser consideradas fontes dos distúrbios orgânicos ou psíquicos que acometem esses profissionais." (Battiston, Cruz & Hoffmann, 2006, p.15).

Enfatiza, os aspectos estruturais e de apoio aos motoristas no desempenho de suas funções, como terminais de ônibus e sanitários, além das implicações do trânsito com os seus variados congestionamentos, pontos de embarque, clima, outros veículos na via etc. Condições essas que:

"São causadoras de estresse. Outros aspectos do posto de trabalho, que incluem a disposição dos equipamentos, assento, câmbio de marchas, volante e posição do motor, são fundamentais para a incidência de problemas orgânicos como dores no corpo e problemas auditivos." (Battiston, et al, 2006, p.15).

Justificam que o trânsito com os seus impactos traz constante descontentamento no desempenho das atividades laborais dos motoristas. Condições essas que caracterizam a profissão como penosa, acometendo os trabalhadores a desgastes físicos e mentais. Ressalta que os fatores ergonômicos "[...] configuram-se centrais na discussão da qualidade do serviço prestado e das condições do ambiente de trabalho dos motoristas. O ruído no posto de trabalho, por exemplo, está diretamente relacionado à posição do motor." (Battiston, et al,2006, p.15).

Para NERI *et al*., no estudo denominado "CONDIÇÕES DE SAÚDE NO SETOR DE TRANSPORTE RODOVIÁRIO DE CARGAS E DE PASSAGEIROS: UM ESTUDO BASEADO NA PESQUISA NACIONAL DE AMOSTRAS DE DOMICÍLIOS", os riscos provenientes do ambiente de trabalho podem ser analisados através de seus principais agentes, como: ruído, calor, ventilação e os aspectos ergonômicos. O autor justifica que:

"Estes fatores agem diretamente sobre a saúde física e mental do motorista que, em conjunto com outros fatores de natureza exógena (*congestionamentos, hábitos comportamentais* e a *violência*) potencializam os acidentes de trânsito, de trajeto e as doenças ocupacionais." Neri et al, (2005 como citado em caderno de saúde pública, 2005).

O estudo acima demonstra que os ruídos aos quais os motoristas de transporte coletivo ficam expostos, além de provocarem a surdez ocupacional, também podem trazer danos à saúde mental dos trabalhadores. Para tanto, o estudo de KOMPIER et al (1990 como citado em caderno de saúde pública, 2005), demonstra que a possibilidade de encontrar perda auditiva nos motoristas profissionais é 2,7 (duas vezes) maior do que nos motoristas convencionais. Justifica:

"Os trabalhadores expostos ao excesso de ruído estão mais propensos à surdez ocupacional, assim como pode levar a uma alteração de seu comportamento associado ao barulho constante. A fadiga e a irritabilidade são exemplos de reações relatadas por profissionais que ficam expostos a ruídos intensos. Desse modo, a poluição sonora vem a ser um perigo à saúde pessoal, à estabilidade emocional e à eficiência do motorista. Outros fatores capazes de alterar a estabilidade emocional do motorista são o excesso de calor e a falta de ventilação no ambiente de trabalho." Neri et al, (2005 como citado em caderno de saúde pública, 2005)

Os riscos ergonômicos existentes tanto nos veículos como nas demais condições de trabalho dos profissionais do transporte coletivo interferem significativamente na saúde e na segurança dos trabalhadores. A análise supra justifica a necessidade e a importância dos aspectos ergonômicos na preservação da saúde e da segurança:

> "As condições ergonômicas dos veículos de transporte de passageiros e cargas são um aspecto importante para a saúde e segurança dos motoristas e usuários de transporte. As precárias condições de instalações são prejudiciais, por exemplo, para a coluna vertebral dos motoristas profissionais que passam horas a fio sentados ao volante. O assento é na maior parte das vezes a principal causa das dores nas costas, pois em muitos veículos os itens ergonômicos mínimos necessários para o conforto e maior adequabilidade do trabalhador ao instrumento de trabalho não são atendidos. O tipo de câmbio e direção nos veículos são também elementos ergonômicos importantes para evitar a fadiga do profissional e o surgimento de doenças decorrentes dessa atividade. Segundo Santos Jr. & Mendes[1], a sobrecarga muscular do motorista é intensa, pois a troca de marcha é feita mais de mil vezes por jornada de trabalho. Desta forma, o uso de câmbio automático e da direção hidráulica são alternativas que diminuem a fadiga e o cansaço muscular do profissional. Kompier et al., (1990, apud Mendes[3]) avaliaram que o risco de desordens músculo-esqueléticas são 3,9 vezes maiores em motoristas profissionais em relação a outros servidores públicos. Os problemas de coluna, tendões e juntas eram freqüentes em 35,0% dos motoristas." Neri et al, (2005 como citado em caderno de saúde pública, 2005).

QUEIROGA (1999) justifica que os motoristas, em virtude dos movimentos bruscos, vibrações e outros tantos fatores externos, submetem a coluna vertebral a uma sobrecarga imposta pela compressão de tais movimentos, o que desencadeia elevados índices de dor músculo-esquelética. O referido autor mostra também que "devido às trocas constantes de marchas, a região dos ombros dos motoristas, especialmente o direito, é um foco de dores que resultam em bursite ou tendinite." Queiroga, (1999 como citado em Neri et al, 2005).

4.1. Acidentes do Trabalho e Doenças Ocupacionais

O Brasil ainda é um dos países recordistas em acidentes e doenças do trabalho, superando diversos países desenvolvidos. Dados da Organização Internacional do Trabalho (OIT, 2004), revelam que o Brasil ocupa a quinta posição entre os países que registram o maior número de acidentes e mortes no trabalho. Dados mais recentes divulgados pelo Instituto Nacional do Seguro Social (INSS, 2008) indicam que no ano de 2006 o Brasil registrou 477.245 acidentes e 26.645 doenças do trabalho, totalizando um quantum de 503.890 ocorrências registradas. Contudo, os especialistas são unânimes em afirmar que esses números são muito maiores, uma vez que nem todos os acidentes e doenças são comunicadas à Previdência Social, ficando fora das estatísticas. Para o Setor de Transporte (coletivo, armazenagem e correio), o INSS divulgou dados segundo os quais, no ano de 2007, foram notificados 43.214 acidentes e doenças do trabalho. A Fundação Jorge Duprat Figueiredo (FUNDACENTRO) juntamente com a Fundação Seade coordenou uma pesquisa nos postos do INSS do Estado de São Paulo, nos anos de 1997 e 1999, e detectou que foram registrados 17.405 casos de acidentes do trabalho relativos a condutores, motoristas e cobradores de transportes. Nesse contingente, a pesquisa indica que 1.040 referem-se a acidentes de trabalho sofridos por cobradores de ônibus do transporte coletivo, 2.403 sofridos por motoristas e 13.962 com os demais motoristas. A seguir são apresentadas as tabelas da referida pesquisa:

Quadro 9 – Dados estatísticos de acidentes e doenças do trabalho diagnósticas em motoristas e cobradores de ônibus.

Tabela 2
Acidente do Trabalho de Motoristas e Cobradores, segundo Conseqüência
Estado de São Paulo, 1997/1999

Conseqüência	Casos	%
Motoristas de transporte coletivo	2.403	100,00
Incapacidade temporária	2.355	98,00
Óbito	48	2,00
Invalidez permanente	-	-
Cobradores	1.040	100,00
Incapacidade temporária	1.021	98,17
Óbito	18	1,73
Invalidez permanente	1	0,10
Demais motoristas	13.962	100,00
Incapacidade temporária	13.481	96,55
Óbito	435	3,12
Invalidez permanente	46	0,33
Total	17.405	100,00
Incapacidade temporária	16.857	96,85
Óbito	501	2,88
Invalidez permanente	47	0,27

Fonte: Fundação Seade; INSS; Fundacentro/MTE; Denatran/MJ.

Tabela 4
Acidente do Trabalho, segundo Grandes Grupos de Categorias de Ocupação
Estado de São Paulo, 1997/1999

Categorias de Ocupação	Casos	%
Motorista de caminhão e similares	6.959	39.98
Motorista sem identificação	4.768	27,39
Motorista de transporte coletivo	2.050	11,78
Motociclista / motoboy	1.771	10,18
Cobrador de transportes coletivos	1.040	5,98
Motorista de ônibus de viagem	258	1,48
Condutor de transporte coletivo sobre trilhos	152	0,87
Motorista de carro de passeio / particular	151	0,87
Motorista de ambulância	90	0,52
Motorista de carro forte / furgão	63	0,36
Motorista de caminhonete	27	0,16
Condutor de outros veículos sobre trilhos	25	0,14
Condutor aquaviário	16	0,09
Condutor de veículos de tração animal	10	0,06
Piloto aéreo	9	0,05
Motorista de táxi e lotação	6	0,03
Motorista de microônibus	5	0,03
Motorista de viatura policial / corpo de bombeiros	3	0.02
Condutor de veículos de pedais	2	0,01
Total	**17.405**	**100,00**

Fonte: Fundação Seade; INSS; Fundacentro/MTE; Denatran/MJ.

Tabela 5
Acidente de Trabalho de Motoristas e Cobradores, segundo Motivo
Estado de São Paulo, 1997/1999

Motivo	1997 / 1999	
	Casos	%
Tipo	13.933	80,05
Trajeto	1.584	9,10
Doença do trabalho	1.116	6,41
Ignorado	772	4,44
Total	**17.405**	**100,00**

Fonte: Fundação Seade; INSS; Fundacentro/MTE; Denatran/MJ.

Tabela 6
Acidente do Trabalho de Motoristas e Cobradores,
segundo a Distribuição Regional
Estado de São Paulo, 1997/1999

	Acidentes do Trabalho %	População em Idade Ativa %
Região Metropolitana	42,22	48,24
Capital	24,08	27,49
Demais municípios	18,14	20,74
Interior	57,78	51,76
Estado	100,00	100,00

Fonte: Fundação Seade; INSS; Fundacentro/MTE; Denatran/MJ.

A pesquisa apontou a ocorrência de 1.116 casos de doenças do trabalho, bem como as doenças de motoristas e cobradores segundo o Código Internacional da Doença (CID).

Tabela 14
Doenças do Trabalho, por Local de Ocorrência, segundo Tipo de Acidente
Estado de São Paulo, 1997/1999

Tipo de Acidente	Total		Área Urbana		Área Rural		Ignorado
	Casos	%	Casos	%	Casos	%	Casos
Mal súbito/ stress	405	36,29	366	36,64	33	36,67	6
Surdez e exposição ao ruído	347	31,09	320	32,03	18	20,00	9
Traumatismos ou lesões decorrentes de movimentos	321	28,76	278	27,83	36	40,00	7
Outros	16	1,43	12	1,20	3	3,33	1
Lesões por esforços repetitivos	15	1,34	13	1,30	-	-	2
Indeterminada	12	1,08	10	1,00	-	-	2
Total	1.116	100,00	999	100,00	90	100,00	27

Fonte: Fundação Seade; INSS; Fundacentro/MTE; Denatran/MJ.

Tabela 17
Doenças do Trabalho de Motoristas e Cobradores,
segundo Capítulos da CID-10
Estado de São Paulo, 1997/1999

Descrição do Capítulo	1997 / 1999	
	Casos	%
Doenças do sistema osteomuscular e do tecido conjuntivo	508	45,52
Doenças do ouvido e da apófise mastóide	347	31,09
Doenças do aparelho digestivo	8	0,72
Doenças da pele e do tecido subcutâneo	2	0,18
Sintomas, sinais e achados anormais de exames clínicos e de laboratório, não-classificados em outra parte	2	0,18
Doenças do sistema nervoso	1	0.09
Doenças do olho e anexos	1	0,09
Doenças do aparelho circulatório	1	0,09
Doenças do aparelho respiratório	1	0,09
Não-especificado	245	21,95
Total	**1.116**	**100,00**

Fonte: Fundação Seade; INSS; Fundacentro/MTE; Denatran/MJ.

4.1.1. PAIR – Perda Auditiva Induzida Por Ruído

Parte significativa dos motoristas e cobradores da cidade de São Paulo apresenta alguma perda auditiva induzida por ruído. Tais danos são decorrentes da atividade de risco que se submetem, que os expõem ao ruído e às vibrações produzidas pelos motores dos veículos, além do ruído de fundo (externo) que, na maior parte das vezes, ultrapassa os limites de tolerância permitidos. No ano de 1993, a pedido do Sindicato dos Motoristas e Trabalhadores em Transporte Rodoviário Urbano de São Paulo, a Fundação Jorge Duprat Figueiredo de Segurança e Medicina do Trabalho (FUNDACENTRO)[10] realizou um levantamento sobre a exposição ao ruído dos motoristas e cobradores urbanos de São Paulo. Em conclusão, o estudo apontou que todos os motoristas analisados nos ônibus que operam com motor dianteiro, o ruído ultrapassa os limites de tolerância fixada na portaria n°. 3.214/78[11], do Ministério do Trabalho e Emprego e, portanto, apresentam risco potencial de surdez ocupacional. O trabalho aponta que "o motor é a principal fonte geradora de ruído". Fundamenta, ainda, que:

---

[10] FUNDACENTRO – Órgão técnico executivo de apoio ao Ministério do Trabalho e Emprego.
[11] Portaria n°. 3.214/78 do Ministério do Trabalho e Emprego – Instrumento normativo que regulamenta os artigos 154 a 201 da Consolidação das Leis do Trabalho – CLT – Decreto-lei n°. 5.452/43 que trata das normas de saúde e segurança do trabalho.

"As demais fontes geradoras de ruído, tais como: a poluição sonora externa, o barulho dos passageiros, porta automática, buzina, etc, pouco influenciam no valor final da dose obtida no que se refere à caracterização de um risco potencial de surdez ocupacional. Entretanto, estes fatores podem provocar grande irritação e incômodo e serem causadores de outros problemas." (Fundação Jorge Duprat Figueiredo de Segurança e Medicina do Trabalho – [FUNDACENTRO], 1993).

Já no caso dos cobradores, nos veículos analisados, a pesquisa concluiu que a exposição ao ruído não ultrapassa os limites de tolerância, por certo não caracteriza risco potencial de surdez ocupacional.

4.1.2. Estresse

Entre outras condições adversas, o trânsito intenso da cidade de São Paulo, principalmente nos "horários de pico", com os freqüentes congestionamentos, contribuem e muito para acometer os trabalhadores de doenças psicossomáticas como o estresse.

EVANS e CARRERE comprovam existir correlação entre o congestionamento do tráfego e o estresse do motorista:

"Evans e Carrere (2003) realizaram uma pesquisa com 60 motoristas de ônibus urbano, com idade de 21 a 63 anos. Foi observado uma elevação do nível de catecolamina urinária nos momentos de picos do tráfego (congestionamentos) e este resultado continuou, mesmo após terem sido incorporados vários controles de fatores, como tempo de trabalho do motorista e parâmetros de saúde como idade, se fumante ou não, entre outros. Neste estudo houve correlação entre o congestionamento de tráfego e o *stress* psicofisiológico do motorista." Evans e Carrere, (1991 como citado em Bigattão, 2005, p.52).

Semelhante é a pesquisa realizada por EVANS, JOHANSSON e RYDSTEDT, que conclui que a atividade de conduzir ônibus é extremamente estressante:

"Após a observação dos resultados de várias pesquisas e a conclusão de que dirigir ônibus urbano era extremamente estressante, causando sérios riscos à saúde, realizaram uma pesquisa com o objetivo de verificar se o *stress* do motorista seria observado em operadores de ônibus de dois turnos, em linhas experimentais. No início de cada turno, eram tiradas medidas de pressão, batimentos cardíacos e o *stress* percebido foram comparados ao do final do turno. Observações foram anotadas. Houve indicadores de *stress* nos dois grupos observados, porém nos do grupo controle, o nível de *stress* foi menor. Resultados possibilitaram concluir que uma relação da pressão do trabalho parece explicar um efeito positivo no *stress* dos motoristas." Evans, Johansson, Rydsted, (1999 como citado em Bigattão, 2005, p.67).

Capítulo 5. Os Impactos do Trânsito nas Condições de Trabalho dos Profissionais do Transporte Coletivo Urbano de Passageiros

É incontroverso que o trânsito traz impactos relevantes nas condições de trabalho dos profissionais do transporte coletivo, seja do ponto de vista da integridade física e psíquica, bem como do bem-estar. No estudo denominado "CONDIÇÕES DE TRABALHO E SAÚDE DE MOTORISTAS DE TRANSPORTE COLETIVO URBANO", acima citado, os pesquisadores BATTISTON et al., (2008) entrevistaram 21 motoristas que trabalham na cidade de Florianópolis, em Santa Catarina, no tocante às condições de trabalho. Os entrevistados, entre outras reclamações, apontaram o trânsito como uma das condições que mais trazem irritação no desempenho das respectivas funções, especialmente os longos engarrafamentos e demais veículos na via.

GRANADOS (1998, como citado em Battiston et al, 2008) justifica que o sistema viário e o planejamento urbano não acompanharam o aumento da frota mundial de veículos. Aponta como conseqüências: congestionamentos, ruídos e emissão de poluentes.

PAES MACHADO E LEVENSTEIN (2002), em estudo tratando das condições de trabalho dos motoristas de transporte coletivo, identificaram problemas de relacionamento dos passageiros com os motoristas, devidos aos engarrafamentos do trânsito. Os usuários ficam insatisfeitos com a superlotação dos carros, com o tempo de espera em locais sem abrigo ou com o tempo despendido nos engarrafamentos. O estudo aponta que "essa insatisfação traduz-se em conduta agressiva, gerando conflitos no interior do ônibus, entre os próprios passageiros e desses com os rodoviários." Machado & Levenstein, (2002 como citado em Battiston et al, 2008, p.12).

ZANELATO e OLIVEIRA no ano de 2003 realizaram uma pesquisa com 203 motoristas de transportes coletivos de passageiros, acompanhando os seus itinerários, e concluíram que 83% desses trabalhadores praticam algum comportamento incorreto. Entre os principais encontram-se: "Parar longe do ponto, excesso de velocidade, invadir a faixa de pedestres, arrancadas bruscas". Os pesquisadores relacionam tais práticas aos contratempos do trânsito, uma vez que os motoristas justificam que têm que cumprir o horário determinado por sua empregadora. Zanelato & Oliveira, (2003 como citado em Zanelato, 2008, p. 22).

O trânsito tem apresentado dificuldades semelhantes para os motoristas e cobradores de outras cidades no mundo. Um estudo de ergonomia da Universidade Técnica de Lisboa, denominado "ESTUDO DA CARGA DE TRABALHO DOS MOTORISTAS DE

TRANSPORTE RODOVIÁRIO DE PASSAGEIROS E MERCADORIAS" (2005), que ouviu 153 motoristas, mostrou que 57,1% dos entrevistados consideram a atividade estressante e 62,2% entendem que a principal causa do estresse se dá ao trânsito. Veja o gráfico abaixo:

Quadro 10 – Grau de Stress

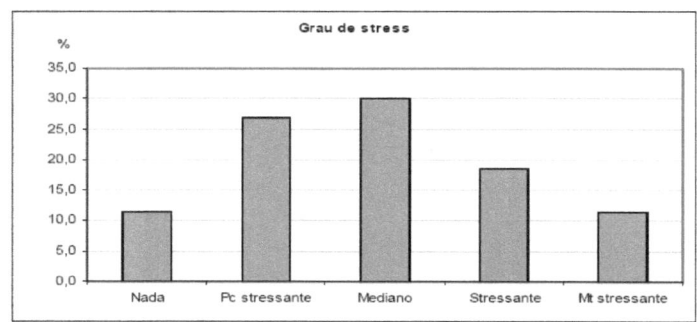

Quadro 11 – Causa de Stress

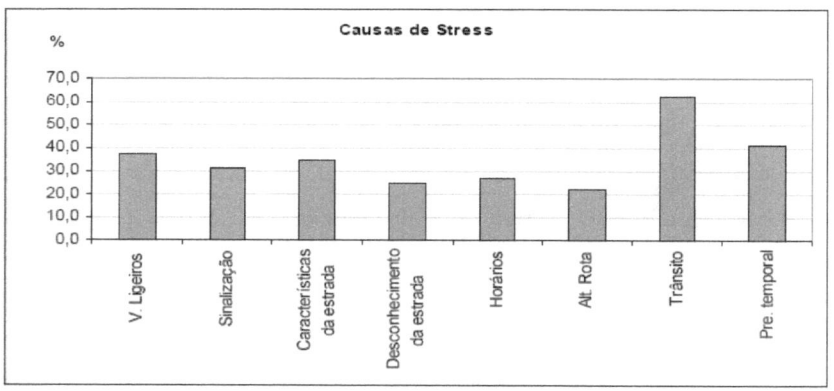

Capítulo 6. Legislação Aplicada

O Brasil ainda não dispõe de uma legislação consolidada (um código) específica para o setor de transportes, o que remete o pesquisador a diversas leis esparsas que tentam disciplinar a matéria. Contudo, o texto constitucional vigente traz alguns artigos tratando do trânsito e do transporte coletivo de passageiros. Vejamos, portanto:

- O artigo 178 trata da obrigatoriedade de a lei disciplinar o transporte terrestre.

- O artigo 30, V – prestação dos serviços de transportes públicos de passageiros.
- O artigo 230, §2° - do transporte coletivo gratuito para os maiores de 65 anos.
- O artigo 244 estabelece a adaptação de veículos de transportes coletivos para garantir o acesso das pessoas portadoras de deficiência.
- O artigo 7° – trata dos direitos dos trabalhadores.
- Os artigos 182 e 183 – que tratam da política urbana.

6.1. Legislação Trabalhista

A legislação trabalhista aplicada é um pouco mais abrangente:

- Consolidação das Leis do Trabalho (CLT), Decreto-lei n°. 5.452/43, artigo 511 e seguintes; artigos 58 a 65 – jornada de trabalho; artigo 910 – transporte; artigos 154 a 201 – da segurança e medicina do trabalho.
- Lei n°. 6.514/77 – trata das medidas de segurança e saúde no trabalho.
- Portaria n°. 3.214/77, do Ministério do Trabalho e Emprego – trata das normas regulamentadoras de saúde e segurança no trabalho.
- Portaria n°. 340/00, do Ministério do Trabalho e Emprego – trata da inspeção do trabalho nos veículos de transportes coletivos.

5.2. Legislação Previdenciária

Aplicam-se basicamente as Leis n°. 8.212/90, que trata da organização da Seguridade Social e instituiu o plano de custeio da Previdência Social, e n°. 8.213/91, que dispõe sobre os planos de benefícios da Previdência Social. Mencionamos ainda os seguintes textos legais:

- Lei n°. 3.807/60 e Decreto regulamentador n°. 53.831/64 – trata da aposentadoria especial.
- Lei n°. 9.032/95 – Determina novas regras para a aposentadoria especial.

No campo constitucional podemos citar os artigos de 193 a 203, da Constituição Federal de 1988, que trata da ordem social.

6.3. Legislação De Trânsito

Dentro da legislação de trânsito temos diversas leis tratando do trânsito como um todo, o que em diversos casos é perfeitamente adaptável aos transportes coletivos de passageiros:

- Código de Trânsito Brasileiro (CTB), Lei n°. 9.503/97, artigos 140, 141, 142, 143, 144 e 145 – tratam da habilitação de condutores; artigo 150 – trata de cursos de direção defensiva e primeiros socorros.

6.4. Legislação ambiental

Encontra-se na pauta mundial de discussão a questão ambiental, principalmente devido ao aquecimento global e aos fatores que estão em sua gênese. O Brasil figura entre os maiores poluidores do mundo, impondo-se a elaboração de políticas públicas capazes de desenvolver o país sem comprometer a viabilidade do meio ambiente. O trânsito e o transporte contribuem de forma significativa para a sua degradação.

Segundo JACOBI (2006), os veículos automotores são responsáveis por quase 90% da poluição atmosférica.

A Companhia de Tecnologia de Saneamento Ambiental de São Paulo (CETESB) divulgou dados relativos à qualidade do ar, demonstrando que só os veículos a diesel, que contam com uma frota de aproximadamente 400 mil unidades, despejam o equivalente a 12,4 mil toneladas de fumaça por ano na atmosfera.

Existem diversos diplomas legais que visam controlar a poluição, entre os quais a Lei n°. 6.938, de 31 de agosto de 1981, que trata da Política Nacional do Meio Ambiente (PNMA). A referida lei foi regulamentada pelo Decreto n°. 99.274, de 6 de junho de 1990. Entre outros aspectos extremamente relevantes, esse diploma legal destaca-se no controle das atividades potencial ou efetivamente poluidoras e estabelece o Sistema Nacional de Meio Ambiente (SISNAMA) com os mais variados órgãos (CONAMA, IBAMA, etc).

A Constituição Federal de 1988 assegura no seu artigo 225 a proteção ao meio ambiente, atribuindo responsabilidades ao Poder Público e a toda coletividade:

> "Art. 225. Todos têm direito ao meio ambiente ecologicamente equilibrado, bem de uso comum do povo e essencial à sadia qualidade de vida, impondo-se ao Poder Público e à coletividade o dever de defendê-lo para as presentes e futuras gerações." (Artigo 225 da Constituição Federal de 1988 da República Federativa do Brasil).

Com a constitucionalização da matéria, diversas outras leis vêm disciplinando e regulamentando o disposto na Constituição Federal: Leis números 7.804, de 18/07/1989; 8.028, de 12/04/1990; 9.960, de 28/01/2000; 9.966, de 28/04/2000 (dispõe sobre a prevenção, o controle e a fiscalização da poluição causada por lançamento de óleo e outras substâncias nocivas ou perigosas em águas sob jurisdição nacional e dá outras providências); 10.165, de 20/12/2000; 8.723/93 (dispõe sobre a redução de emissão de poluentes por veículos automotores e dá outras providências); 10.203/2001. Além das resoluções do CONAMA números 5/89, 18/86 e 237/97.

6.5. Legislação do Município de São Paulo

Os serviços de transporte público urbano de passageiros na cidade de São Paulo são prestados através de concessão e permissão de serviço público, conforme acima citado. Contudo, a Secretaria Municipal de Transportes, com bastante frequência faz publicar portarias disciplinando o transporte coletivo:

- Lei Orgânica do Município de São Paulo – artigos 172 e 179, II.
- Lei nº. 13.241/2001 – dispõe sobre a organização dos serviços de transporte coletivo urbano de passageiros na cidade de São Paulo.
- Portaria nº. 97/05, da Secretaria Municipal de Transportes – trata do Regulamento de Sanções e Multas (RESAM), a ser aplicado aos concessionários e permissionários do serviço de transporte coletivo.
- Lei nº. 12.490/97 e Decreto nº. 37.085/97 – trata do rodízio de veículos automotores.
- Lei nº. 14.751/08 e Decreto nº. 49.800/08 – trata do rodízio de caminhões.
- Leis números 11.733/95 e 12.157/96 – tratam da inspeção veicular ambiental.
- Leis números 13.542/03 e 13.612/03 – tratam de ônibus com motor dianteiro.

Capítulo 7. Diretrizes de Políticas Públicas e de Gestão Capazes de Implementar um Transporte Público Menos Agressivo à Saúde dos Trabalhadores e Menos Danoso ao Meio Ambiente

É importante mencionar a Lei Federal nº. 10.257, de 10 de julho de 2001, denominada "Estatuto das Cidades", que impõe diretrizes gerais para o desenvolvimento das políticas urbanas. Lei que regulamentou os artigos 182 e 183 da Constituição Federal.

O artigo 2º, incisos I e V, assegura o direito à população a um transporte adequado às suas necessidades:

> "Art. 2º. A política urbana tem por objetivo ordenar o pleno desenvolvimento das funções sociais da cidade e da propriedade urbana, mediante as seguintes diretrizes gerais:
>
> I – garantia do direito a cidades sustentáveis, entendido como o direito à terra urbana, à moradia, ao saneamento ambiental, à infra-estrutura urbana, ao transporte e aos serviços públicos, ao trabalho e ao lazer, para as presentes e futuras gerações.
>
> V – oferta de equipamentos urbanos e comunitários, transportes e serviços públicos adequados aos interesses e necessidades da população e às características locais." (Lei   nº. 10.257/2001).

SIQUEIRA (1996) trata do papel da regulamentação na gestão pública, fundamentando no transporte coletivo por ônibus:

> "[...] merecem destaque as políticas urbanas para os transportes. Estes possuem elevada essencialidade e responsabilidade social, já que o consumo de vários bens intimamente ligados às condições de vida e aos direitos dos cidadãos depende dos transportes. Habitação, trabalho, saúde, educação e convívio social pressupõem condições de locomoção para sua satisfação. Os transportes interferem na carga total de trabalho, afetando o chamado 'tempo de indisponibilidade', ou seja, o tempo que o trabalhador gasta para se locomover da residência para o trabalho e vice-versa e que se agrega ao tempo gasto no trabalho propriamente dito. Muitos trabalhadores aceitam más condições de trabalho e de salário para ter trajetos mais curtos e menos 'tempo de indisponibilidade'. **Por estas razões, as políticas urbanas para os transportes têm de estar em condições de realçar sua capacidade de integrar-se à melhoria das condições básicas de vida de todas as classes sociais. (grifei)."**(Siqueira, 1996, p. 17-29.

Para a implementação de um transporte salutar aos trabalhadores e menos agressivo ao meio ambiente é indispensável um diagnóstico prévio de toda a malha viária disponível, da frota de veículos e da população, bem como o crescimento populacional. TAPIA-GRANADOS (1998) aponta os transportes coletivos e as bicicletas como os meios de transportes que podem contribuir na redução dos engarrafamentos do trânsito, do ruído e dos gases tóxicos poluentes dos motores.

COSTA et al. (2003), tratando da morbidade declarada e das condições de trabalho - o caso dos Motoristas de São Paulo e Belo Horizonte - refere-se à implementação de um sistema de transportes:

> "A implementação de um sistema de transportes geralmente se assenta no tripé *iniciativa privada*, como agente provedor dos recursos financeiros e gerenciais; *trabalhadores*, como mão-de-obra para operação do sistema; e *governo*, como agente fiscalizador do bom desempenho, tendo em vista, de um lado, os

interesses do cidadão e, de outro, as condições de trabalho da mão-de-obra envolvida. Em tal esquema, a figura do motorista é um elemento fundamental. Pesquisas anteriores (Faculdade de Medicina da USP, Fundacentro e Sindicato dos Trabalhadores nos Transportes de São Paulo, 1990) têm demonstrado que, no nosso meio, o motorista está sujeito a um trabalho extenuante, que compromete não só a sua saúde, mas também a segurança de passageiros e pedestres." (Costa et al, 2003 p. 01).

SIMÕES et al. (2005), no estudo "A CARGA DE TRABALHO DOS MOTORISTAS DE TRANSPORTE RODOVIÁRIO DE PASSAGEIROS E MERCADORIAS", anteriormente citado, em conclusão sustenta que:

"Torna-se, assim, fundamental uma concertação entre as várias entidades públicas e privadas, de forma a alcançar uma gestão e organização do trabalho mais adequados à manutenção da competitividade do transporte rodoviário, sem compromisso da segurança de todos e da saúde dos profissionais envolvidos." (Simoes et al, 2005, p. 266).

Sugere ainda que é fundamental para a proteção da saúde dos trabalhadores, "uma maior sensibilização dos motoristas para as condições de segurança e para a proteção da sua saúde através de uma gestão adequada da fadiga e do estresse inerentes à exposição prolongada a este tipo de atividade." (Simoes et al, 2005, p.267).

A Federação dos Trabalhadores em Transportes Rodoviários do Estado de São Paulo (FTTRESP), em meados de 2008, elaborou uma proposta política de trânsito e transportes para o Governo de São Paulo. No que tange o transporte coletivo propôs:

1. A criação de uma empresa pública para operar diretamente parte da frota do sistema, visando melhorar o transporte de passageiros por ônibus, proporcionando racionalidade na operação e constituição da operação do sistema que está refém das empresas privadas.

2. Corredores – Ampliação dos corredores exclusivos, com restrição da circulação de outros veículos, no sentido de aumentar a velocidade média dos ônibus.

3. Linhas Seletivas – Criação de linhas de ônibus seletivas, visando atrair o usuário do veículo particular.

4. Fiscalização – A fiscalização tanto do sistema de transporte coletivo como de trânsito deve ser realizada pelo Poder Público.

5. Transporte alternativo – Ampliar a discussão sobre o transporte complementar/alternativo.

A Federação supra propõe ainda a padronização e a renovação da frota de veículos da cidade de São Paulo. Vejamos:

"Padronização - A frota em circulação na cidade não obedece a uma padronização, não respeita a legislação quanto à aquisição de veículos, com base nas leis municipais números 13.542 e 13.612, ambas de 2003 que proíbem novas aquisições de ônibus com motor dianteiro para operar o sistema de transporte coletivo. Não cumpre as leis números 10.950/91 e 12.140/96, que determinam a aquisição de veículos movidos a diesel, por outros movidos a gás natural. Ônibus Elétrico - O sistema operado por ônibus elétricos (trólebus) recebeu pouco ou quase nenhum investimento do Poder Público nos últimos anos, mas é elogiado por especialistas da área de transportes, por ser ecologicamente correto". (Federação dos Trabalhadores em Transportes Rodoviários do Estado de São Paulo [FTTRESP], 2008).

7.1. Propostas

Com o trabalho de pesquisa realizado para o desenvolvimento desse trabalho evidenciou-se que o trânsito tornou-se um problema globalizado encontrado nas grandes cidades do mundo, desafiando os gestores públicos a encontrarem soluções eficazes e a longo prazo capazes de melhorar a mobilidade das pessoas. Na verdade, o aperfeiçoamento da indústria automobilística e o crescimento econômico mundial registrado na última década fizeram com que nas grandes cidades aumentasse o número de veículos acima do crescimento da população.

Um exemplo típico disso é a cidade de São Paulo, que nos últimos anos recebeu mais de 600 novos veículos e 240 motocicletas por dia. É preocupante que a média de passageiros em cada automóvel não ultrapasse 1,5 pessoa, conforme dados da Companhia de Engenharia de Tráfego (CET).

Contudo, se não forem tomadas medidas urgentes em poucos anos o trânsito ficará inviabilizado e os impactos na saúde dos profissionais do transporte coletivo por ônibus serão incomensuráveis. Seguindo o delineado nas diretrizes de políticas públicas capazes de implementar um transporte público menos agressivo à saúde dos trabalhadores e menos danoso ao meio ambiente, acima citado, bem como das mais variadas sugestões de especialistas e instituições de transporte e trânsito, propomos as medidas abaixo:

7.1.1. Trânsito

- Pedágio Urbano – Implantação de um pedágio urbano, no centro expandido da cidade de São Paulo, a exemplo do que se fez Londres, na Inglaterra, e Estocolmo, na Suécia. Tal medida por certo restringiria em muito a circulação de veículos nas regiões abrangidas, fazendo com que os paulistanos usassem mais o transporte público e, se optassem por utilizar o próprio veículo, supõe-se que buscariam aumentar o número de pessoas transportadas para dividirem os custos. Segundo VANDERBILT, tratando da implantação do pedágio urbano nas cidades acima mencionadas, demonstrou-se que "[...] cobrar pelo congestionamento em cidades como Londres e Estocolmo funciona porque força as pessoas a decidir se – e lhes dá uma referência exata para avaliação – 'vale a pena' fazer a viagem." (Vanderbilt, 2009, p. 165).

- Ciclovias – Aumentar o número existente de faixas exclusivas para bicicletas e motocicletas, a exemplo do que fez Copenhague, na Dinamarca, e Paris, na França.
- Operação Rodízio – Aumentar a restrição de circulação dos veículos no centro expandido da cidade, nos chamados horários de pico, passando de duas para quatro placas diárias.
- Educação no trânsito – Tornar obrigatório na grade curricular das escolas municipais de Ensino Fundamental disciplinas sobre o trânsito.

7.1.2. Transporte de Passageiros por Ônibus

- Motor – Os veículos para o transporte de passageiros devem ser dotados com motor traseiro e/ou entre eixos, pois assim reduzirá significativamente a exposição dos motoristas a agentes nocivos à saúde, como ruídos, vibrações e calor.
- Câmbio – Os veículos deverão ter câmbio automático, pois durante uma jornada normal de trabalho, o motorista utiliza o câmbio por milhares de vezes, o que desenvolve os chamados distúrbios osteomusculares relacionados ao trabalho (DORT).
- Corredores – Ampliação dos corredores de ônibus existentes.
- Linhas seletivas – Implantação de linhas seletivas para atrair os atuais usuários de veículos particulares.
- Veículos – Ampliação da frota de veículos elétricos do tipo trólebus e movidos a Gás Natural Veicular (GNV).
- Frota – Renovação da frota a cada 5 anos.
- Qualificação e requalificação profissional – Desenvolvimento de políticas públicas de qualificação e requalificação dos profissionais do transporte urbano de passageiros.

7.1.3 Trânsito e Transporte de Passageiros por Ônibus

- Malha Metroviária – Priorizar a ampliação da malha metroviária diante das grandes dificuldades de ampliação da malha viária.

- Segurança Pública – Aperfeiçoar a segurança pública voltada aos delitos de trânsito: 1) aumentar o efetivo de policiais nos pontos finais e nos terminais de ônibus, onde se concentram elevados números de pessoas; 2) rondas ostensivas nas linhas com maior número de incidências de assalto a ônibus; 3) criação de delegacias especializadas no combate à violência no trânsito e no transporte coletivo.

- Estacionamentos integrados – Criação de bolsões de estacionamentos distantes do centro expandido da cidade com integração dos transportes públicos, preferencialmente, os ferroviários (trem e metrô).

CONCLUSÃO

Indiscutível a dimensão que tem tomado a discussão sobre o trânsito e o transporte coletivo tanto no Brasil como no resto do mundo. Na verdade, com a análise criteriosa e cuidadosa de todo o material pesquisado durante a realização deste trabalho, podemos sustentar que o trânsito tem sido um problema comum às grandes cidades. Tem desafiado gestores públicos, urbanistas e engenheiros de trânsito no desenvolvimento de políticas públicas capazes de humanizá-lo, de torná-lo capaz de atender as necessidades de mobilização da população. Não parece existir outra saída a não ser a opção pelo transporte coletivo de massa, como o metrô e o trem. O transporte rodoviário operado por ônibus apenas surgiria como parte auxiliar e de integração.

Quanto aos impactos do trânsito na saúde dos profissionais do transporte coletivo urbano de passageiros, evidenciou-se no decorrer do presente trabalho, que tais impactos contribuem decisivamente para o desencadeamento de diversas moléstias ocupacionais nos trabalhadores (como o estresse e a perda auditiva induzida por ruído), além de outras causas secundárias, como as condições técnicas dos veículos (motor dianteiro, câmbio manual, etc.), assim como as condições de saúde e segurança do trabalho (como jornada excessiva de trabalho, exposição ao ruído, vibrações e calor, etc.).

O transporte coletivo e a atividade profissional desempenhada pelos mais de 35 mil trabalhadores na cidade de São Paulo, assim como os impactos na saúde destes últimos estão diretamente relacionados com a viabilidade do trânsito, ou seja, em termos práticos, um não pode prescindir ao outro. Porém, a viabilidade do trânsito com a implantação de políticas públicas para o transporte coletivo de massa como o metrô, certamente trará benefícios significativos para os profissionais do transporte coletivo operado por ônibus.

A ampliação do sistema metroviário não representará a substituição do sistema rodoviário existente, nem mesmo a redução de postos de trabalho, pois cabe a este último efetuar a integração com as linhas de metrô, além dos itinerários não servidos pelo transporte metroviário do tipo "bairro a bairro". Com a implantação de tais transportes o número de usuários deverá aumentar, significativamente, tendo em vista que os donos de veículos particulares farão a opção pelo transporte coletivo, uma vez que, além de mais barato, certamente será mais rápido.

Medidas como essas importarão na adequação os transportes públicos de passageiros às reais necessidades dos paulistanos, sem olvidar da socialização do transporte e do trânsito, fazendo com que as pessoas utilizem os veículos apenas quando tiverem compromissos inadiáveis.

Contudo, se continuarmos com a manutenção das políticas públicas para o trânsito e transportes coletivos da década de 1930, propostas por Prestes Maia, certamente, em menos de uma década São Paulo pode parar. O que será um caos total para os habitantes de uma das maiores e belas cidades do mundo.

BIBLIOGRAFIA

Abramo, B. (2004). Música em trânsito: a circulação do pop. São Paulo: SENAC.

Barbosa, B. R. (2005). Plano viário e de trânsito para a cidade de Jaú. Dissertação apresentada à escola de engenharia de São Carlos da Universidade de São Paulo para obtenção do grau de mestre, São Carlos.

Baptistella, I. N. (2003). Evolução das condições ergonômicas no posto de trabalho do motorista de ônibus urbano. Dissertação apresentada à Universidade Federal de Santa Catarina para obtenção do grau de mestre, Florianópolis.

Battiston, M., Cruz, R. M., Hoffmann, M. H.. (2006). Artigo - Estudo de Psicologia - Condições de Trabalho e Saúde de Motoristas de Transporte Coletivo Urbano. Pesquisadores das Universidades: Federal de Santa Catarina, Vale do Itajaí e Barriga Verde.

Bigattão, M. A. (2005). O *stress* em motoristas no transporte coletivo de ônibus urbano em Campo Grande. Dissertação apresentada a Universidade Católica Dom Bosco para obtenção do grau de mestre, Campo Grande.

Caderno de saúde pública. (2005). Vol. 21, nº. 04 - Rio de Janeiro. Acessado em 06 de junho de 2011 de http://www.scielosp.org/scielo.php?script=sci_issuetoc&pid=0102-311X20050004&lng=&nrm

Carvalho, F.M. (2003). Sistema de Transportes. O novo desempenho do país. São Paulo: Marca D´água.

Código Brasileiro de Ocupações do Ministério do Trabalho e Emprego (CBO). (2011). Acessado em 04 de junho de 2011 de http://www.mtecbo.gov.br/cbosite/pages/pesquisas/BuscaPorTitulo.jsf

Costa, L. B., Koyama, M. A. H., Minuci, E. G., Fischer, F. M. (2003). Artigo: Morbidade Declarada e Condições de Trabalho - O Caso dos Motoristas de São Paulo e Belo Horizonte.

Editora Revista dos Tribunais (2007). Constituição da República Federativa do Brasil, são Paulo, SP: Autor.

Faria, S. F. S. (2001). *Fragmentos da história dos transportes*. São Paulo: Aduaneiras.

Federação dos Trabalhadores em Transportes Rodoviários do Estado de São Paulo (FTTRESP). (2008). Proposta dos trabalhadores para uma política de Trânsito e Transportes.

Ferraz, A.C.P., Fortes, F.Q. & Simões, F.A. (1999). *Engenharia de Tráfego Urbano - fundamentos práticos*. São Carlos: EESC – USP.

Gonçalves, E. C. (2003). Constrangimentos no posto do motorista de ônibus urbano segundo a visão macroergonômica. Dissertação apresentada à Escola de Engenharia da Universidade Federal do Rio Grande do Sul para obtenção do grau de mestre, Porto Alegre.

Jacobi, P. (2006). *Cidade e Meio Ambiente: percepções e práticas em São Paulo*. São Paulo: Annablume.

Lanfredi, G. F. (2002). *Política Ambiental: busca de efetividade de seus instrumentos*. São Paulo: Revista dos Tribunais.

Lei Federal nº. 9.503, de 23 de setembro de 1997. Código de Trânsito Brasileiro. Acessado em 10-02-2011 de http://www.planalto.gov.br/ccivil_03/Leis/L9503.htm.

Marques, J.R. (2005). Meio Ambiente Urbano. Rio de Janeiro: Forense Universitária.

Mendes, L.R. (2005). Serviço essencial X trabalho penoso. Análise das condições de trabalho dos motoristas de ônibus coletivos de Belo Horizonte/MG. Dissertação apresentada a Universidade Federal de Minas Gerais para obtenção do grau de mestre.

Mezzaroba, O. (2004). *Manual de metodologia da pesquisa no direito*. São Paulo: Saraiva.

PAIVA, C. E.C. (2008). Análise do transporte coletivo urbano sob a ótica dos riscos e carências sociais. Dissertação apresentada a Pontifícia Universidade Católica de São Paulo para obtenção do grau de Doutor, São Paulo.

Pessoa, F. (2007). *Mensagem*. São Paulo: Martin Claret.

PUGLISI, V. P. (2006). Meio ambiente urbano: Desenvolvimento sustentável e qualidade de vida. Dissertação apresentada a Pontifícia Universidade Católica de São Paulo para obtenção do grau de mestre, São Paulo.

Revista de Saúde Pública de Piracicaba (2003). Piracicaba: Autor. Acessado em 10 de fevereiro de 2009 de http://www.unimep.br/phpg/editora/revistaspdf/saude10art02.pdf

Revista Proteção (2008). Anuário Brasileiro de Proteção (edição especial). São Paulo: autor.

Rolnik, R. (2003). *São Paulo*. São Paulo: Publifolha.

Rolnik, R. (2008). O Trânsito em São Paulo – a origem do caos nos anos 30. São Paulo: Revista Veja de março/2008.

Scaringella, R. S. A crise da mobilidade urbana em São Paulo. São Paulo: Acessado em 15 de janeiro de 2009 de http://www.scaringella-transito.com.br/opiniao.html

Silva, J.A. (2008). *Direito urbanístico brasileiro*. São Paulo: Malheiros.

Simões, A., Carvalhais, J., Melo, R., Ferreira, P., Correia, J., Lourenço, et. al. (2005). ESTUDO DA CARGA DE TRABALHO DOS MOTORISTAS DE TRANSPORTE RODOVIÁRIO DE PASSAGEIROS E MERCADORIAS. Dissertação apresentada ao Departamento de Ergonomia Faculdade de Motricidade Humana da Universidade Técnica de Lisboa.

Siqueira, M.M. (1996). O Papel da Regulamentação na Gestão Publica. Rio de Janeiro: Revista de Saúde Pública – v.31.

Taunay, A. E. (1920). *São Paulo nos primeiros anos (1554 - 1601)*. São Paulo: Tours, Imprenta de E. Arrault e Cia.

Tawil, M. (2007). Trânsito assassino. São Paulo: Albatroz, Loqui e Terceiro Nome.

Toledos & Associados (2008). Instituto de pesquisa de mercado e opinião pública. São Paulo.

Trennepohl, T. (2008). *Direito Ambiental*. Salvador: Podivm.

Vanderbilt, T. (2009) *Por que dirigimos assim? e o que isso diz sobre nós.* Rio de Janeiro: Campus.

Waisman, J. (2008). O Trânsito em São Paulo – a origem do caos nos anos 30. São Paulo: Revista Veja de março/2008.

Waldvogel, B.C. (1999). Acidentes de trabalho: os casos fatais. A questão da identificação e da mensuração. Dissertação apresentada a Universidade de São Paulo para obtenção do grau de doutor, São Paulo.

ZANELATO, L. S. (2008). Manejo de stress, coping e resiliência em motoristas de ônibus urbano. Dissertação apresentada a Faculdade de Ciências da Universidade Estadual Paulista para obtenção do grau de mestre, Bauru.

WEBGRAFIA

American Psychological Association [APA]

http://www.apa.org. Acessado em 11 de maio de 2011.

Companhia de Engenharia de Tráfego [CET]

http://www.cetsp.com.br. Acessado em 12 de maio de 2011.

Companhia do Metropolitano de São Paulo [metrô]

http://www.metro.sp.gov.br. Acessado em 10 de janeiro de 2010.

Companhia de Tecnologia de Saneamento Ambiental de São Paulo [CETESB]

http://www.cetesb.sp.gov.br. Acessado em 15 de março de 2011.

Confederação Nacional dos Trabalhadores em Transportes Terrestres [CNTTT]

http://www.cnttt.org.br. Acessado em 20 de novembro de 2010.

Departamento Estadual de Trânsito do Estado de São Paulo [DETRANSP]

http://www.detran.sp.gov.br. Acessado em 05 de março de 2011.

Fundação Jorge Duprat Figueiredo de Segurança do Trabalho [FUNDACENTRO]

http://www.fundacentro.gov.br. Acessado em 10 de janeiro de 2010.

Fundação Seade

http://www.seade.gov.br. Acessado em 12-12-2009.

Instituto Brasileiro de Geografia e Estatística [IBGE]

http://www.ibge.gov.br. Acessado em 15 de abril de 2011.

Instituto Nacional do Seguro Social [INSS]

http://www.inss.gov.br. acessado em 25 de março de 2010.

Instituto Nacional de Estatísticas de Lisboa [INE]

http://www.ine.pt. Acessado em 20 de junho de 2011.

Instituto Nacional de Estatísticas da Itália [ISTAT]

http://www.istat.it. Acessado em 20 de junho de 2011.

Instituto Nacional de Geografia e Estatísticas do México [INEGI]

http://www.inegi.gob.mx. Acessado em 20 de junho de 2011.

Prefeitura Municipal de São Paulo [PMSP]

http://www.prefeitura.sp.gov.br. Acessado em 22 de outubro de 2010.

Revista Veja São Paulo

http://www.veja.com.br. Acessado em 25 de junho de 2008.

São Paulo Transportes S.A. [SPTrans]

http://www.sptrans.com.br. Acessado em 20 de fevereiro de 2011.

Scielo Brasil

http://www.scielo.br. Acessado em 14 de junho de 2011.

Sindicato das Empresas de Transportes de Passageiros de São Paulo [SP-URBANUSS]

http://www.spurbanuss.com.br. Acessado em 20 de março de 2008.

Sindicato dos Motoristas e Trabalhadores em Transporte Rodoviário Urbano de São Paulo [SMTTRUSP]

http://www.sindmotoristas.org.br. Acessado 12 de fevereiro de 2008.

Universidade Metodista de Piracicaba [UNIMEP]

http://www.unimep.br. Acessado em 10 de junho de 2011.

O AUTOR

MEDEIROS, José Juscelino Ferreira de.

Possui graduação em Ciências Jurídicas e Sociais - DIREITO (Universidade Guarulhos - UnG). Especialista em Processo Penal (UNI/FMU). Especialista em Políticas Públicas e Gestão Governamental (EPD/SP). Mestrando/Doutorando em Ciências Jurídicas pela Universidade Autónoma de Lisboa-Pt. Especializando em Direito do Trabalho pela Pontifícia Universidade Católica (PUC) do Rio Grande do Sul. Advogado trabalhista, previdenciário e sindical. Atualmente é Advogado do Sindicato dos Motoristas de São Paulo. Sócio de Medeiros & Batista Sociedade de Advogados. Assessor Jurídico da Nova Central Sindical dos Trabalhadores de São Paulo - NCST/SP. Integrante dos Grupos de Trabalho GTT do Ministério do Trabalho e Emprego que discute alterações nas Normas Regulamentadoras NR.24 e NR.15. Palestrante, conferencista Internacional em Direito do Trabalho, Sindical e Saúde e Segurança laboral. Professor e Técnico de Segurança do Trabalho.

Trabalhos técnicos

MEDEIROS, J. J. F.; DANTAS, A. D. . Reforma Trabalhista: implicações Sociais e Jurídicas para os trabalhadores brasileiros (setor de transporte). Revista do 7º Congresso dos Condutores de São Paulo, São Paulo, p. 10 - 49, 08 nov. 2017.

MEDEIROS, J. J. F.. DO HORÁRIO DE INTERVALO E SEU FRACIONAMENTO NO TRANSPORTE RODOVIÁRIO URBANO DE PASSAGEIROS (Lei. 12.619/2012). 2012.

MEDEIROS, J. J. F.. Aposentadoria Especial e Insalubridade para Motoristas e Cobradores de Ônibus Urbanos. 2010.

MEDEIROS, J. J. F.. Direito Previdenciário: aspectos especiais do trabalhador de transporte. 2010.

MEDEIROS, J. J. F.; SOUZA, E. C. ; FESTINO, L. A. . Condições Sanitárias e de Conforto nos Locais de Trabalho a Céu Aberto. 2007.

MEDEIROS, J. J. F.; SOUZA, E. C. ; FESTINO, L. A. ; SANTOS SOBRINHO, J. B. . Condições de Acessibilidade, Conforto e Segurança no Transporte Com Ônibus Coletivo de Piso Baixo Central. 2007.

MEDEIROS, J. J. F.. O Nexo Causal das Doenças Ocupacionais. 2004.

São Paulo, julho de 2019
JOSE JUSCELINO FERREIRA DE MEDEIROS

https://josejuscelinoferreirademedeiros.com

jose.juscelino@terra.com.br

www.ingramcontent.com/pod-product-compliance
Lightning Source LLC
Chambersburg PA
CBHW051359280526
45784CB00007B/3028